100 unglaubliche Fakten

für neugierige Kinder

Eine witzige Sammlung der absurdesten, seltsamsten und wahrsten Dinge, die man wissen sollte | Inklusive Bonus & Quiz

KAIROSLANDD

Wir sind Linda und Charlie, die Gründer von Kairoslandd.

Zunächst möchten wir uns bei Ihnen für Ihren Kauf und vor allem für Ihr Vertrauen in uns bedanken.

Als Zeichen unserer Wertschätzung bieten wir Ihnen einen BESONDEREN BONUS, damit Sie weiterhin alleine oder mit Ihren Freunden Spaß haben und lachen können. Sie finden alles auf der Rückseite des Buches und ... lassen Sie uns wissen, was Sie denken.

Sonderbonus
PUZZLES, RÄTSEL, AUFGABEN UND VIELES MEHR...

INHALT

Einführung

Liebe wissbegierige Jungen und Mädchen jeden Alters, seid ihr bereit für eine unterhaltsame Reise voller Neuigkeiten, Entdeckungen und unglaublicher Fakten, um euren Durst nach Neugier zu stillen und - warum nicht - eure Freunde zu beeindrucken? Schalte den Fernseher und die Videospiele aus und mache dich bereit, über die skurrilsten, lustigsten und seltsamsten Dinge aus allen Ecken der Welt zu lesen.

Wir sprechen über Lebensmittel Skurrilitäten, unglaubliche Fakten aus Geschichte und Wissenschaft, Kuriositäten aus Tierwelt und Natur, Bevölkerungen, die unwahrscheinlichsten Rekorde, Sport, Erfindungen, Wissenschaft, gruselige Ängste, Sprüche und viele Denkanstöße für dich und deine Familie.

Am Ende des Buches findest du ein Glossar, in dem du die Bedeutung der komplizierteren Begriffe nachlesen kannst. Du findest sie in **FETT und UNTERSTRICHEN** im Text. Und das ist noch nicht alles! Am Ende der Lektüre findest du auch ein Spiel, mit dem du dein neu erworbenes Wissen testen kannst: das „Final Trivia Quiz!“.

Das ist richtig! Nachdem du all diese unglaublichen und sensationellen Geschichten gelesen hast, kannst du dich selbst testen, indem du versuchst, die Fragen richtig zu beantworten und, warum nicht, sogar deine Eltern, Geschwister oder Mitschüler herauszufordern.

Wer die meisten richtigen Antworten erhält, gewinnt. Bist du bereit für diese Herausforderung?

Ich wünsche allen viel Spaß beim Lesen!

1

Kurioses über Geografie und Tourismus: die unwahrscheinlichsten Fakten bei Reisen durch die Welt

Amerikas verrückteste Gesetze

Jedes Gesetz, auch das strengste, ist für alle gleich und muss immer beachtet werden. Du solltest jedoch wissen, dass es in der Welt Vorschriften gibt, die so bizarr und unglaublich sind, dass man sich fragt, wie sie zustande kommen konnten. Auf den ersten Blick scheinen viele von ihnen nicht nur unnötig, sondern auch lächerlich und sinnlos zu sein. Am extravagantesten ist es jedoch in den Vereinigten Staaten, wo alles (sogar die Schaffung von Gesetzen!) auf die spektakulärste Art und Weise gemacht wird, ähnlich wie im Hollywood-Kino. Lass uns einige der absurdesten aufzählen.

Wusstest du zum Beispiel, dass es in New York verboten ist, an einem Sonntag ein Eis in die Tasche zu stecken, während man durch die Straßen der Stadt läuft? Oder dass man in Tryon, North Carolina, keinen singenden oder flötenden Vogel von 11 Uhr vormittags bis 7 Uhr am nächsten Morgen im Haus behalten darf? Ja, aber die Merkwürdigkeit hört damit noch nicht auf. In Ohio ist es verboten, Fischen zu trinken zu geben, in Oklahoma dürfen Hunde, die sich in einer Gruppe versammeln wollen, dies nur mit Erlaubnis des Bürgermeisters tun, in Pennsylvania ist es verboten, in der Badewanne zu singen, und in Utah ist es verboten, zu fischen, während man auf einem Pferd sitzt!

Die Stadt mit dem längsten Namen der Welt

Im Guinness-Buch der Rekorde finden wir die Stadt mit dem längsten Namen der Welt! Ursprünglich ging der Rekord an ein Dorf in Wales, dessen Name 51 Buchstaben hat, was es zu einem Ziel für Touristen und Neugierige machte. Der Rekord wurde später einem Berg in Neuseeland zugesprochen, der 85 Buchstaben in seinem Namen hat. Aber was wäre, wenn ich dir sagen würde, dass die Stadt mit dem längsten Namen nicht weniger als 163 Buchstaben hat? Nun ja, die Stadt liegt in Thailand und hat einen Namen, der wirklich schwer auszusprechen ist:

> Krung - thep - maha- nakorn - boworn - ratana - kosin - mahintar - ayudhya - amaha - dilok - pop - nopa - ratana - rajthani - burirom - udom - rajniwes - mahasat - arn - amorn - pimarn - avatar - satit - sakattiya -visanukam.

Es scheint fast unmöglich, sogar für die Thais selbst, die beschlossen haben, den Namen auf Krung Thep zu verkürzen. Wenn wir schon dabei sind, willst du wissen, wie die Stadt mit dem kürzesten Namen der Welt heißt? Sie heißt „Å“, liegt in Schweden und bedeutet „Fluss“.

Willst du duschen gehen?

Wie lautet die Frage, die jedes Mal gestellt wird, wenn wir bei jemandem zu Hause zu Gast sind? Wenn du in Brasilien bist, wird man dich fragen, ob du duschen willst! Die Brasilianer stellen dir diese Frage oftmals zuerst, wenn du ihr Gast bist. In Deutschland käme es uns nie in den Sinn, jemanden dies zu fragen, der uns zu Hause besucht, nicht zuletzt, weil es peinlich und möglicherweise beleidigend sein könnte. In Brasilien ist es jedoch üblich, jedem Gast, der dich besucht, eine Dusche anzubieten, auch wenn er nicht bei dir übernachtet. Das liegt daran, dass Brasilien ein heißes Land ist und die Brasilianer (die sehr sauber sind) dazu neigen, sich mindestens zwei oder drei Mal am Tag zu waschen. Sei also versichert, wenn ein Brasilianer dir diese Frage stellt, meint er nicht, dass du stinkst!

Der dem Mond am nächsten gelegene Berg ist nicht der höchste der Welt

Welches ist der höchste Berg der Welt? Ganz einfach, es ist der Mount Everest! Er liegt im Himalaya an der Grenze zwischen Nepal und China, ist der höchste Berg der Erde und übertrifft mit 8848 Metern alle anderen Gipfel. An dieser Stelle könnte man meinen, dass der höchste Berg von allen auch derjenige ist, der dem Mond am nächsten ist. Ist er aber nicht! Der dem Mond am nächsten gelegene Berg befindet sich in Ecuador, heißt Chimborazo und ist sogar niedriger als der Everest! Wie ist das möglich? Denn obwohl er nur 6268 Meter hoch ist, hat dieser Berg den Vorteil, dass er über dem Äquator liegt, so dass er im Vergleich zum Everest ein paar zusätzliche Kilometer hat, die ihn näher zum Mond bringen.

11 verschiedene Zeitzonen

Glaubst du, dass man Tag und Nacht gleichzeitig haben kann? Es klingt absurd, aber so ist es nun einmal, gerade in Russland. Wie ist so etwas möglich? Ganz einfach, weil Russland ein riesiges Land ist, das von West nach Ost so groß ist (wir sprechen von 17 098 242 km^2!), dass es nicht weniger als 11 verschiedene Zeitzonen umfasst. Was bedeutet das? Das heißt, wenn in Moskau die Uhr 13 Uhr anzeigt, ist es in Kamtschatka (d. h. im gegenüberliegenden Teil Russlands in Richtung Osten) am nächsten Tag Mitternacht. Die Tatsache, dass Russland das Land mit den meisten Zeitzonen der Welt ist, ist nicht gerade einfach zu handhaben. Tatsächlich kann diese Besonderheit ein echtes Problem darstellen, wenn es um die telefonische Kommunikation, den Verkehr und geschäftliche Aktivitäten geht.

Wer reist am meisten in der Welt?

Welches Land hat die meisten Reisenden der Welt? Die meisten werden vielleicht China oder Japan antworten. Obwohl die Chinesen die meisten internationalen Reisen unternehmen (2013 wurden mehr als 97 Millionen Menschen gezählt), reisen sie als Nation überhaupt nicht, und wenn die Reisetätigkeit so hoch ist, dann nur, weil man die Größe Chinas und die große Zahl seiner Einwohner berücksichtigen muss. Wenn es also nicht die Chinesen sind, die diesen Rekord halten, welches ist dann das Land mit den meisten Reisenden in der Welt? Es scheint so, als ob es tatsächlich die Menschen in Skandinavien sind. An erster Stelle stehen die Finnen mit durchschnittlich 8 Reisen pro Jahr und Person (2 von 8 Reisen sind Auslandsreisen), an zweiter Stelle die amerikanischen Touristen mit 7 Reisen pro Jahr, gefolgt von schwedischen, dänischen und norwegischen Reisenden (mit 5 oder 6 Reisen).

Der längste Radweg der Welt

Wenn du gerne mit dem Fahrrad in der Natur unterwegs bist und ein Schuljahr in einem Land verbringen möchtest, welches dir in dieser

Hinsicht viel zu bieten hat, ist Kanada definitiv die richtige Wahl für dich. Hier wurde der längste Radweg der Welt eingeweiht (es handelt sich um 22770 Kilometer ununterbrochene, autofreie Straße). Diese Strecke führt durch unglaubliche und spektakuläre Landschaften, eine lange Route, die 15.000 kanadische Städte miteinander verbindet und an Seen, Bergen, berühmten Städten wie Vancouver und Montreal, aber auch an abgelegenen und unberührten Orten vorbeiführt. Der kanadische Radweg ist bedeutsam, weil er die Größe Kanadas mit seiner Weite und Vielfalt an Landschaften und Einwohnern repräsentiert. Das Projekt begann 1992, und zu seiner Verwirklichung stellte die kanadische Regierung stillgelegte und nicht mehr in Betrieb befindliche Eisenbahnstrecken zur Verfügung, die daraufhin umgebaut und umgerüstet wurden.

Das meistbesuchte Land von allen

Weißt du, welches das meistbesuchte Land der Welt ist? Laut einer Rangliste der Welttourismusorganisation scheint es Frankreich zu sein. Jährlich kommen mehr als 80 Millionen Touristen dorthin, von denen allein 15 Millionen die Hauptstadt Paris besuchen, während der Rest kleine Dörfer, das Meer, die Landschaft und die Wein- und Gastronomierouten aufsucht. Ein beliebtes Ziel für Touristen ist die Insel Mont Saint Michel, die für ihre spektakulären Gezeiten bekannt ist. Nach Frankreich sind die anderen meistbesuchten Länder Spanien an zweiter Stelle, die Vereinigten Staaten an dritter, China an vierter und Italien an fünfter Stelle. Obwohl Frankreich das meistbesuchte Land ist, steht Paris nicht an erster Stelle, wenn es um den Wohlstand der Touristen geht. An erster Stelle steht Hongkong, das den Rekord seit 2016 dank seines unglaublichen wirtschaftlichen und kulturellen Wachstums hält.

Der Skorpion ist eine Delikatesse

Du hättest nie darauf gewettet, aber du solltest wissen, dass der Skorpion in einigen Ländern als Straßenessen sehr beliebt ist. In der Tat findet man ihn häufig an Essensständen in Form von leckeren Spießen. Dabei handelt es sich um gezüchtete Skorpione, die speziell für das Kochen und den Verzehr ausgewählt werden. Es ist ein köstliches Gericht und soll auch sehr gut für den Körper sein.

In der Atacama-Wüste hat es seit 400 Jahren nicht mehr geregnet

Weißt du, wo sich der trockenste Ort der Welt befindet? In Chile, Südamerika, liegt die Atacama-Wüste: Sie ist fast 2000 Kilometer lang und 180 Kilometer breit und dafür bekannt, dass sie zu den trockensten Küstenwüsten der Welt gehört. Es heißt, dass es hier seit über 400 Jahren nicht mehr geregnet hat! Die geografische Lage dieser Wüste, die im Osten von der Andenkette und im Westen von der Cordillera de la Costa begrenzt wird, hat zur Folge, dass es nur sehr wenig Niederschlag gibt. Das Gebiet zeichnet sich durch eine große Temperaturspanne aus, wobei die Temperaturen zwischen 5 Grad in der Nacht und 40 Grad am Tag schwanken. Die Atacama-Wüste wird seit einigen Jahren von der NASA für Experimente und Tests im Hinblick auf künftige Missionen zum Planeten Mars genutzt. Darüber hinaus wurden dort zahlreiche Science-Fiction-Filme gedreht.

2

Wissenschaftliche Kuriositäten: Fakten über Wissenschaft und Technologie, die du vielleicht noch nie gehört hast

Gibt es noch Dinosaurier?

Wenn wir an Dinosaurier denken, stellen wir uns riesige, wilde Reptilien aus einer längst vergangenen Zeit vor. Sie tauchten erstmals vor etwa 230 Millionen Jahren auf der Erde auf und beherrschten den Planeten, bis ein großes katastrophales Ereignis zu ihrem endgültigen Aussterben führte. Dennoch behaupten Paläontologen, dass die Dinosaurier nicht verschwunden sind. Angeblich gibt es heute noch 10.000 verschiedene Arten, die in Form von Vögeln leben. Einige britische Wissenschaftler haben behauptet, dass Vögel die einzige Gruppe von Dinosauriern sind, die das Aussterben überlebt und sich im Laufe der Zeit weiterentwickelt hat. Im Gegensatz zu den größeren Dinosauriern haben es die kleineren geschafft, am Leben zu bleiben, Nahrung zu finden und sich an Umwelt- und Klimaveränderungen anzupassen. Da moderne Vögel im Grunde genommen immer noch lebende Dinosaurier sind, solltest du daran denken, wenn du das nächste Mal eine Taube siehst!

Der erste Roboter der Geschichte war ein Italiener

Wusstest du, dass der erste Roboter der Geschichte im Jahr 1500 erfunden wurde und aus Italien stammte? Leonardo Da Vinci, der überall als absolutes Genie sowohl als Maler als auch als Erfinder anerkannt ist, scheint viel über Anatomie geforscht zu haben, was ihn zur Schaffung eines „Roboter-Ritters" inspirierte. Im Jahr 1950 versuchten Wissenschaftler, Leonardos Roboter zu bauen, indem sie die Anweisungen, die der Renaissancekünstler auf seinen Papieren notiert hatte, genau befolgten. Das Ergebnis war außergewöhnlich: Der konstruierte Roboter funktionierte perfekt! Es handelte sich um einen Soldaten in einer mittelalterlichen Rüstung, der aufstehen, seine Arme bewegen und seinen Kopf drehen konnte. Die Bewegungen waren dank Seilen, Bändern und Flaschenzügen möglich. Um die heutigen Roboter zu bauen, lassen sich viele Wissenschaftler weiterhin von den Modellen Leonardos inspirieren, der sozusagen als Vater der Robotik gilt!

Bist du dir sicher, dass du weißt, woher das Feuerwerk stammt?

Viele wissen vielleicht, dass Feuerwerkskörper ihren Ursprung im Osten haben, mit ziemlicher Sicherheit in China, als Ergebnis einer Erfindung: Schießpulver. Die wenigsten wissen jedoch, dass diese Brände in der Küche entstanden sind! Höre dir diese seltsame Geschichte genau an. Vor etwa 2000 Jahren mischte ein Koch, der ein schmackhaftes Gericht zubereiten wollte, versehentlich Schwefel, Holzkohle und Kaliumnitrat - Zutaten, die man in jeder Küche leicht finden kann. Kaliumnitrat ist übrigens auch als Salpeter bekannt und wurde früher häufig zur Konservierung von Lebensmitteln verwendet. Als der Koch die drei Zutaten erhitzte und vermischte, kam es zu einer verrückten Explosion! Die entstandene Substanz war im Grunde das, was wir heute gemeinhin als Schießpulver bezeichnen. Es scheint, dass der Koch diese Mischung in ein Bambusrohr gefüllt hatte, also muss der Knall wirklich groß gewesen sein! Wenn du das nächste Mal ein Feuerwerk bestaunst, solltest du daran denken, dass diese Entdeckung völlig zufällig war.

Der höchstgelegene Hotspot der Welt

Jeder von uns hat schon einmal versucht, einen Freund anzurufen oder ihm eine SMS zu schicken, und dann festgestellt, dass das Smartphone keinen Empfang hat. Vielleicht ist dir auch schon aufgefallen, wie leicht die Verbindung unterbrochen werden kann, wenn du dich an abgelegenen und isolierten Orten befindest. Aber wenn ich dir sage, dass du auf dem Mount Everest einen hervorragenden Empfang hast, würdest du das glauben? Nun, es ist wahr. Mit gut 5360 Metern über dem Meeresspiegel ist das Everest Base Camp **der** höchste **HOSPOT** der Erde. Es gibt ihn eigentlich aus einem bestimmten Grund. Jedes Jahr kommen Bergsteiger hierher, um Berge zu besteigen, und die meisten von ihnen stoßen auf ernsthafte Schwierigkeiten. Vor diesem Hintergrund wurde beschlossen, ein Verbindungssystem anzubieten, das die Kommunikation im Falle von Schwierigkeiten und Gefahren erleichtert.

Weißt du wirklich alles über Raumanzüge?

Sicherlich hast du schon einmal einen Astronauten auf einem Foto oder im Fernsehen gesehen. Ist dir aufgefallen, dass die Anzüge, die Astronauten normalerweise tragen, immer weiß sind? Diese Wahl wurde getroffen, weil weiß vor der karzinogenen Strahlung der Sonne schützt. Diese Farbe ist nämlich in der Lage, den größten Teil der Sonnenstrahlen zu reflektieren. Die Anzüge sind außerdem sehr bequem und ermöglichen es den Astronauten, sich im Weltraum frei zu bewegen. Allerdings muss man wissen, dass ein Raumanzug auf der Erde aufgrund der Schwerkraft gut 127 kg wiegt! Sicherlich kein sehr leichtes Kleidungsstück, da es sich in der Umlaufbahn befindet. Im Weltraum, ohne die Schwerkraft, wiegt der Raumanzug tatsächlich nichts. Außerdem ist er, wie du weißt, mit einem Weltraumhelm ausgestattet. Und wie kratzt sich ein Astronaut, wenn seine Nase juckt? Die Wissenschaftler haben sich dies überlegt, indem sie ein kleines Stück **Klettverschluss** im Inneren des Helms angebracht haben. Der Astronaut muss nur seine Nase daran reiben, um den Juckreiz zu lindern.

Das Rauschen des Meeres

Wie viele haben schon einmal versucht, das Rauschen des Meeres zu hören, indem sie eine Muschel an ihr Ohr hielten? Hast du dich jemals gefragt, warum dieses seltsame Phänomen auftritt? In Wirklichkeit ist das, was du hörst, nicht wirklich das Rauschen des Meeres, sondern eine akustische Illusion. Im Inneren der Schale befindet sich Luft. Wenn Schallwellen aus der Umgebung darauf treffen, versetzen sie die Luft im Inneren in Schwingung. Auf diese Weise gewinnen selbst Klänge und Geräusche, die normalerweise eher unhörbar wären, an Lautstärke und Intensität. Die Luft in der Schale und die Außengeräusche schweben, während die Wände der Schale als eine Art Resonanzboden fungieren. Deshalb scheinen wir, wenn wir die Muscheln an unsere Ohren halten, den **Sog** des Meeres zu hören.

Die Fliege lebt nur 24 Stunden?

Wenn du dich umhörst, wie lange eine Fliege lebt, werden dir die meisten Leute wahrscheinlich nur 24 Stunden sagen. Offenbar ist dies nicht der Fall, zumindest nicht für alle Fliegen! Einheimische Fliegen und solche, die größer als normal sind, können tagelang und vielleicht sogar monatelang leben. Wenn die Fliegen in Innenräumen oder in warmer Umgebung leben, können sie sich schnell entwickeln und länger leben als normale Fliegen. Während eine einfache Fliege also nur 24 Stunden lebt, kann eine Stubenfliege leicht 20 bis 25 Tage alt werden. Der Lebenszyklus der Fliegen besteht aus 4 Phasen: Zuerst sind sie Eier, dann werden sie zu Maden, dann zu Puppen und schließlich zu erwachsenen Fliegen. Wenn eine bestimmte Anzahl von Eiern überlebt, riskierst du, dein Haus voller Fliegen vorzufinden. Wenn sie nicht kontrolliert werden, können sich diese Insekten aufgrund ihres kurzen Lebenszyklus schnell vermehren und ausbreiten. Einige Stubenfliegen sind auch besonders gefährlich, da sie Träger von mehr als 100 Krankheiten sind!

Das erste Videospiel der Geschichte

Weißt du, wann das erste Videospiel der Geschichte geboren wurde und wie es hieß? Dies ist eine sehr interessante Frage, und um die Antwort zu finden, müssen wir in der Zeit zurückgehen, genauer gesagt nach Cambridge, England, im Jahr 1952. Der Student Alexander S. Douglas erfand unwissentlich OXO, das erste Videospiel: Es war im Grunde eine Umsetzung von Tic-Tac-Toe auf dem Bildschirm, dem Spiel, bei dem man gewinnt, indem man 3 Kreise oder 3 X auf einem Raster aus 9 Quadraten aneinanderreiht. Doch der Hauptzweck von OXO war keineswegs die spielerische Unterhaltung, sondern Douglas' Universitätsarbeit. EDSAC, einer der ersten Computer der Geschichte, der die Größe eines ganzen Zimmers hatte, wurde zur Entwicklung der Software verwendet! Die Geburtsstunde des ersten echten Videospiels, welches zu Spielzwecken entwickelt wurde, liegt im Jahr 1961, als eine Gruppe junger amerikanischer Wissenschaftler „Spacewar" entwickelte, eine Art Schlacht zwischen Raumschiffen, die als eines der wichtigsten Spiele überhaupt gilt.

Essen auf dem Boden!

Glaubst du, dass Lebensmittel, die auf den Boden fallen, aber innerhalb von 5 Sekunden wieder aufgehoben werden, noch genießbar sind? Einige Wissenschaftler bejahen dies, andere sind nicht so überzeugt. Lass uns versuchen, der Sache auf den Grund zu gehen. Ein amerikanischer NASA-Ingenieur erklärte vor langer Zeit, dass Mikroben 5 Sekunden brauchen, um Lebensmittel zu kontaminieren. Diese Regelung würde jedoch nur für bestimmte Lebensmittel gelten. Der Ingenieur rät davon ab, nasse Lebensmittel vom Boden aufzusammeln, da bestimmte Bakterien wie Salmonellen oder E. coli feuchte Umgebungen gegenüber trockenen bevorzugen und sich so schnell vermehren können. Fällt ein Lebensmittel dagegen auf eine trockene Oberfläche, kann es noch genießbar sein, wenn es innerhalb von fünf Sekunden aufgehoben wird. Andere Forscher behaupten jedoch, dass Lebensmittel auf dem Boden in weniger als einer Sekunde durch Mikroben kontaminiert werden können. Die 5-Sekunden-Regel ist jedoch nicht immer zuverlässig, weshalb mehrere Ärzte dringend davon abraten, zu Boden gefallene Lebensmittel zu essen.

Die Körpergröße ist nicht immer gleich

Wusstest du, dass wir, nachdem wir morgens aufgewacht sind und aus dem Bett aufgestanden sind, für den Rest des Tages nicht mehr wirklich derselbe sind? Es hat sich herausgestellt, dass unsere Körpergröße, wenn auch nur geringfügig, von der Tageszeit abhängt. Das bedeutet, dass wir nach dem Aufwachen vielleicht ein oder zwei Zentimeter größer sind als unsere normale Körpergröße. Wenn wir tagsüber aufrecht stehen, wird der Knorpel in den Knochen zwischen den Wirbeln schmaler, da er durch das Gewicht unseres Körpers zusammengedrückt wird. Wir werden also kürzer sein. Aber wenn wir schlafen, weil wir uns in einer gestreckten und entspannten Position befinden, findet diese Quetschung des Knorpels nicht statt, so dass wir beim Aufstehen größer sein können!

Weinen ist gut für dich

Weinen ist eine Reaktion, die bei jedem Menschen vorkommt. Wir tun es, wenn wir traurig sind, aber auch, wenn wir glücklich sind und besonders bewegt. Weinen ist jedoch nicht nur eine Möglichkeit, unsere Stimmung auszudrücken und anderen mitzuteilen, sondern hat auch eine psychophysiologische Funktion: Wenn wir weinen, fördern die Tränen die Ausschüttung des Stresshormons Corticotropin. Ein befreiender Schrei scheint also unserem Organismus zu helfen, langsam in einen Zustand der Normalität und Ruhe zurückzukehren und die Reaktion von starker Erregung und Stress zu verringern. Andere Studien behaupten, dass Weinen zu besserem Schlaf, zur Bekämpfung von Bakterien und zur Verbesserung der Sehkraft beiträgt.

3

Kuriositäten zum Thema Essen: lustige Enthüllungen über Lebensmittel

Warum gibt Schokolade Energie?

Wahrscheinlich hast du schon einmal gehört: „Esse Schokolade! Du wirst dich besser fühlen!'“ Wenn du ein Harry-Potter-Fan bist, wirst du dich auch an Professor Remus J. Lupin erinnern, der dies Harry anbot, nachdem er von einem Dementor angegriffen wurde. Aber warum soll Schokolade Energie spenden? Du solltest wissen, dass dieses köstliche Lebensmittel der Stoff ist, der in der Natur am meisten Theobromin enthält. **THEOBROMIN** hat eine anregende Wirkung, die dem im Kaffee enthaltenen Koffein sehr ähnlich ist. Sowohl Theobromin als auch Koffein sorgen dafür, dass du dich nach dem Verzehr energiegeladener fühlst. Beide wirken auf unser Gehirn, insbesondere auf das zentrale Nervensystem, als Stimulanzien. Der Verzehr von Schokolade aktiviert also diese Funktionen: Aber Vorsicht, nicht zu viel davon zu sich nehmen! Genau wie Kaffee bringt Schokolade, wenn sie in großen Mengen konsumiert wird, Nebenwirkungen mit sich: Unruhe und Erregung.

Was du wahrscheinlich noch nicht wusstest: Wenn du ein echter Schokoladenliebhaber bist, solltest du den Fliegen danken. Das ist richtig. Sehr oft werden diese kleinen summenden Insekten in ein schlechtes Licht gerückt. Viele Fliegen sind schmutzig, lästig und sollen Keime und Bakterien verbreiten. In der Natur gibt es jedoch Fliegen, die zur Familie der Zweiflügler (Diptera) gehören (Klasse Insecta), die mehr als 110.000 Arten umfasst. Einige von ihnen spielen eine ganz besondere Rolle, für die man als Naschkatze dankbar sein sollte. Fliegen sind nämlich die Bestäuber vieler Pflanzen, darunter auch der Kakaopflanze. Diese kleinen und oft lästigen Insekten spielen trotz ihres schlechten Rufs, wie du sehen kannst, eine sehr wichtige Rolle für die Natur und ihre Früchte.

Croissants sind nicht wirklich französisch

Wie gut sind Croissants? Sicherlich hast du sie schon einmal zum Frühstück gegessen, vielleicht mit einer Tasse Kakao. Aber woher kommen sie? Obwohl der Name ein französischer Begriff ist (er bedeutet wörtlich „wachsend“ und bezieht sich auf die Form einer Mondsichel), ist das Croissant nicht französisch, sondern wurde erst in der ersten Hälfte des 19. Jahrhunderts nach Frankreich eingeführt. Das Gebäck kommt aus einem anderen Land: Österreich. Der Name stammt nämlich vom österreichischen Kipferl (oder Kifli) ab. Bei letzterem handelte es sich um einen Halbmond, süß oder herzhaft, der aus Mehl, Wasser, Eiern, Zucker und Butter hergestellt wurde. Die Oberfläche wurde mit Eigelb bestrichen, um sie beim Backen goldgelb und knusprig zu machen, so wie es auch heute noch bei Croissants gemacht wird. Es war August Zang, ein österreichischer Artillerieoffizier, der dieses Gebäck nach Paris importierte und zu Beginn des 19. Jahrhunderts die „**BOULANGERIE VIENNOISE**“ gründete.

Erdnüsse sind keine Erdnüsse

Wenn wir von Erdnüssen sprechen, denken wir sofort an die salzigen „Peanuts“, die wir oft bei Aperitifs oder Geburtstagsfeiern finden, vielleicht sogar zum Knabbern vor dem Fernseher. Dabei gehören diese „Erdnüsse“ gar nicht zur Familie der „Nüsse“. Erdnüsse gehören, man stelle sich das vor, zur Klasse der Leguminosen (Hülsenfrüchte). Sicherlich kennst du auch andere Lebensmittel, die zu dieser Kategorie gehören, wie Bohnen, Erbsen und Linsen.

Eine weitere unglaubliche Tatsache über Erdnüsse betrifft die köstliche Butter, die durch das Mahlen dieser einzigartigen Hülsenfrüchte hergestellt wird: Erdnussbutter.

Du hast es vielleicht nicht gewusst, aber ein Professor aus Edinburgh, Malcolm McMahon, hat mit diesem leckeren Snack etwas ganz bizarres und wundersames bewiesen. Es scheint, dass sich Erdnussbutter sehr gut dazu eignet, in Diamanten verwandelt zu werden. Wissenschaftlich gesehen hat der Professor nachgewiesen, dass bei der Zerkleinerung von Erdnussbutter bei 5 Millionen Atmosphären, durch den hohen Druck tatsächlich Diamanten entstehen würden. Das Experiment war zwar erfolgreich, brachte aber nur sehr kleine Edelsteine hervor; außerdem kostete es wegen der hohen Kosten für seine Umsetzung mehr als der Diamant selbst. Dennoch bleibt es eine wirklich einzigartige und sensationelle Entdeckung!

Kaugummi macht Lust auf kalorienreiche Lebensmittel

Eine wissenschaftliche Studie an der Ohio State University mit 44 Freiwilligen ergab eine merkwürdige und interessante Erkenntnis über das Kaugummikauen. Wie Christine Swoboda, Mitautorin der Studie, erklärt, verringert Kaugummikauen das Verlangen nach gesunden Lebensmitteln wie Obst und Gemüse. Den Forschungen zufolge ist im Kaugummi mit Minzgeschmack eine Chemikalie enthalten, die den Geschmack von Gemüse und Obst beeinträchtigt. Wenn wir nämlich unmittelbar nach einem Kaugummi mit Minzgeschmack Obst und Gemüse essen, wirken diese Lebensmittel extrem salzig und schmecken im Allgemeinen unangenehm. Kaugummikauen führt auch dazu, dass die Menschen kalorienreiche, süßere Lebensmittel bevorzugen. Es ist das gleiche Prinzip wie bei der Minzzahnpasta. Versuche, dir die Zähne zu putzen und gleich danach Orangensaft zu trinken. Die spezielle „minzige“ Substanz der Zahnpasta lässt deinen Saft sauer, ein wenig salzig, aber im Allgemeinen äußerst unangenehm schmecken. Du wirst den echten Orangensaft nicht mehr schmecken!

Warum sind Löcher in den Keksen?

Wer kennt sie nicht, die Cracker? Sie sind oft ein schneller und praktischer Snack, wenn wir unterwegs sind und etwas zum Naschen brauchen, um unseren Hunger zu stillen. Aber hast du dich schon einmal gefragt, warum diese schmackhaften Kekse normalerweise Löcher haben? Diese Löcher wurden gemacht, um zu verhindern, dass sich beim Backen Blasen bilden. Durch die Löcher entweicht der Dampf, so dass der Cracker seine flache, lineare Form behält und sich nicht wie ein Keks aufbläht. Und schließlich tragen auch die kleinen Löcher auf den Crackern dazu bei, dass sie so knusprig bleiben. Die Anzahl der Löcher und deren Position auf den Crackern kann sich ändern. Wenn die Löcher weit auseinander liegen, bilden sich kleine Luftbläschen auf dem Cracker, wenn sie aber sehr dicht beieinander liegen, wirken die Cracker trocken und hart, weil zu viel Dampf entweicht.

Was ist in deinem Fastfood-Burger?

Wusstest du, dass in deinem Burger mehr als 100 verschiedene Rindfleischsorten stecken können? Eine große Kette erklärt dies: McDonald's. In der Tat stammt das Fleisch in deinem Burger nicht von einer einzigen Kuh, sondern ist eine Kombination aus vielen verschiedenen Fleischsorten von mindestens hundert verschiedenen Tieren. McDonald's behauptet sogar, dass sein Fleisch von 16.000 verschiedenen Bauern aus der Region stammt und in jedem Fall zu 100 % aus Rindfleisch besteht. Das Protokoll sieht vor, dass das Fleisch aus allen Chargen gemischt wird, so dass in einem einzigen Burger Fleisch von mehr als hundert verschiedenen Kühen enthalten sein kann. Aus Sicherheitsgründen wird jedoch jedes Stück Fleisch zurückverfolgt: Selbst wenn es gemischt wird, kann es zu seiner Charge und seinem Erzeuger zurückverfolgt werden. Die Einwender machen jedoch geltend, dass, selbst wenn sich die Herkunftschargen zurückverfolgen lassen, diese immer noch in die Hunderte gehen. Dies macht es äußerst schwierig und kompliziert, gesundheitliche Probleme rechtzeitig zu lösen.

Der „überraschte Kuchen“: englischer Kuchen mit einer Überraschung

Ohne Kuchen ist es keine richtige Party! Du solltest jedoch wissen, dass in England um 1500 wirklich „überraschende“ Pasteten hergestellt wurden. Konkret geht es um den Überraschungskuchen. Diese besondere Torte enthielt eine ungewöhnliche Überraschung: ein lebendes Tier! Wenn du ihn anschneidest, kommt nämlich nicht das Mädchen deiner Träume oder dein Lieblingssänger aus diesem Überraschungskuchen heraus... sondern höchstwahrscheinlich ein krächzender Vogel oder ein anderes Tier! Das war ein typischer Brauch der englischen Bourgeoisie. Heutzutage werden die Überraschungspasteten immer noch hergestellt, aber anstelle von lebenden Tieren werden angenehmere Überraschungen wie eine schmackhafte Füllung bevorzugt.

Die meistgestohlenen Lebensmittel der Welt

Vielleicht denken sich viele von euch Junk Food, Süßigkeiten, Pizza, Fleisch oder Snacks, und doch ist Käse das meistgestohlene Lebensmittel der Welt! Diese kuriose Statistik wird vom Centre for Retail Research gemeldet, das Käse als bevorzugtes Ziel von Supermarktdieben ansieht. Aber das ist noch nicht alles! Außerdem wurden Käsemengen im Wert von Tausenden von Dollar gestohlen. Ein Beispiel für einen Rekorddiebstahl fand in England bei der Yeovil Show in Somerset statt. Hier wurden zwei Käselaibe im Gesamtwert von 2000 Dollar als Preise vergeben. Leider wurden beide kurz vor der Veranstaltung gestohlen. Der Besitzer gab sogar eine Anzeige auf, in der er eine Belohnung für die Suche nach ihnen aussetzte, aber ohne Erfolg. Ein weiterer rekordverdächtiger Diebstahl ereignete sich in einem Lagerhaus in Wisconsin. Die Käsediebe stahlen eine unglaubliche Summe: 160.000 Dollar! Leider werden diese oft ausgezeichneten Produkte dann auf dem Schwarzmarkt weiterverkauft, wodurch sowohl die Qualität als auch die Marke untergraben werden. Eine der Käsesorten, auf die es die Diebe am meisten abgesehen haben, ist unser Parmesan. Sehr oft wird er von skrupellosen Menschen gestohlen oder gefälscht!

Wer hat das erste Sandwich erfunden?

Wusstest du, dass Sandwiches von einem Glücksspieler erfunden wurden? Wir befinden uns in Großbritannien in der ersten Hälfte des 18. Jahrhunderts. Richtig, es war wohl ein Earl, der „Earl of Sandwich“. Der Adlige, der ein eingefleischter Spieler war, konnte sich nicht vom Tisch erheben, um sein eigenes Essen zuzubereiten, also erfand er das berühmte gefüllte Sandwich, das wir heute kennen. Andere behaupten, dass der Graf ein fleißiger Arbeiter war, der immer am Schreibtisch saß und Papierkram erledigte, und dass er ein begeisterter Golfer und Kartenspieler war. Aus demselben Grund war es für ihn schwierig, bei all seinen Verpflichtungen eine Mittagspause einzulegen, also machte er das erste Sandwich. Von dort aus verbreitete sich der Snack in die ganze Welt.

Pfeffer als Luxusgut

Hier ist eine Kuriosität über ein Gewürz, das wir alle sehr gut kennen: schwarzer Pfeffer. Du solltest wissen, dass diese dunklen kleinen Körner im Mittelalter quasi als „Luxusgut“ galten. Sie waren so wertvoll, dass man mit Pfefferkörnern sehr wichtige Dinge wie Miete oder Steuern bezahlen konnte.

4

Anthropologische Kuriositäten: Bräuche und Eigenheiten von Völkern, die du vielleicht noch nicht kanntest

Cuiva leidet nicht unter Stress

Die meisten von uns beklagen sich immer wieder darüber, dass wir zu viel Zeit mit Arbeiten verbringen und immer alles in Eile tun. Wir würden gerne mehr Zeit finden, um uns mit Freunden zu entspannen und mehr Zeit mit unserer Familie zu verbringen. Wusstest du, dass es Menschen gibt, die viel weniger arbeiten als wir? Aber ja! In Venezuela und Kolumbien lebt der Stamm der Cuiva. Sie arbeiten nur sehr wenige Stunden in der Woche (im Durchschnitt zwischen 15 und 20 Stunden insgesamt), um das zu bekommen, was sie brauchen. Gerade deshalb haben sie viel mehr Zeit, ihre Tage in Entspannung zu genießen und gemeinsam angenehme Stunden in riesigen Hängematten zu verbringen.

Lass etwas Honig für den Tiger übrig!

Es gibt viele indigene Völker auf der Welt, die ein wirklich unglaubliches und beispielloses Wissen über bestimmte Tiere haben und in der Lage sind, einzigartige und überraschende Beziehungen zu ihnen aufzubauen. In Indien zum Beispiel sammeln die Mitglieder des Soliga-Stammes den Honig von den hohen Ästen der Bäume, aber sie nehmen nicht alles für sich selbst. Ein Teil bleibt sogar auf dem Boden liegen und wird den Tigern zur Verfügung gestellt. Warum lassen sie Honig für die Tiger übrig? Für die Soliga haben Tiger nicht nur Schwierigkeiten, auf Bäume zu klettern, sondern sie werden von ihnen als Familienmitglieder betrachtet.

Die Bedeutung des Teilens

In Afrika, genauer gesagt im Staat Tansania, leben die Hadza, ein sehr eigenartiger kleiner Volksstamm. Offensichtlich haben sie keine religiösen Riten, sie haben auch keine offiziellen Führer oder Häuptlinge, sie feiern keine Geburtstage und sie zählen nicht die Zeit, die vergeht. Abgesehen von diesen etwas bizarren Dingen legen die Hadza jedoch großen Wert auf den Wert der Gleichheit und Großzügigkeit. Für sie gilt es als eine Art moralische Verpflichtung, zu geben, was man hat, ohne eine Gegenleistung zu erwarten, und wenn man mehr besitzt, als man braucht, sollte man es immer mit anderen teilen.

Der Baum der Geburt

In Indonesien, auf der Insel Sumatra, lebt das indigene Volk der Orang Rimba, was in der Bahasa-Sprache Waldmenschen bedeutet. Jedes Mal, wenn ein Kind geboren wird, wird seine Nabelschnur in der Erde vergraben und ein Baum an dieser Stelle gepflanzt. Auf diese Weise baut das Kind eine tiefe und heilige Verbindung zu diesem Baum auf, die ein Leben lang hält. Jedes Mitglied der Orang

Rimba ist verpflichtet, seinen Baum zu verteidigen und davor zu schützen, dass er gefällt wird oder fällt. Wenn dieser Baum gefällt wird, ist das wie ein Mord!

Die tausend Verwendungen der Pflanzen

Die Yanomani gelten als Experten in Sachen Botanik und nutzen jeden Tag mehr oder weniger 500 verschiedene Pflanzenarten, die für viele Dinge verwendet werden: zum Beispiel zum Bau von Häusern oder zur Herstellung von Waffen wie Pfeilen. Die Yanomans wissen auch, welche Pflanzen sich am besten eignen, um daraus Treibstoff oder sogar Seile zum Verankern von Booten oder zur Herstellung von Hängematten oder Halterungen herzustellen. Einige werden auch zum Färben oder Bemalen ihrer Gesichter oder als Medikamente, Gifte, Parfums und mehr verwendet. Eine weitere Kuriosität bei den Yanomami betrifft die Jagd: Es scheint, dass sie die Beute, die sie gefangen haben, nie essen, sondern sie sogar an andere weitergeben. Sie alle essen Lebensmittel, die von anderen gejagt wurden, um den Austausch und den Geist ihrer Gemeinschaft zu stärken.

„Kratze“ niemals Mutter Erde!

Der indianische Stamm der Baiga (was auf Deutsch „Medizinmänner“ bedeutet) ist berühmt für seine Tätowierungen, für seine enge Beziehung zur umgebenden Natur, aber vor allem, weil er die Inspiration für „Das Dschungelbuch“, den berühmten Roman von Rudyard Kipling, war. Diese Bevölkerung ist der Meinung, dass das Überfahren eines bestellten Feldes mit dem Pflug eine Beleidigung für Mutter Erde darstellt, weil es wie ein Kratzen an ihr ist. Die Baiga glauben, dass ihr Gott die Natur und den Wald geschaffen hat, um dem Menschen alles zu geben, was er braucht, so dass es dem Menschen obliegt, seine

Intelligenz und Weisheit zu nutzen, um das zu finden, was er braucht, ohne auf die Landwirtschaft zurückzugreifen. Für die Baiga betreiben nur unkluge Menschen Ackerbau, um zu überleben.

Die Natur ist die beste Technologie

Im Laufe der Jahrhunderte haben indigene Völker unglaubliche Fähigkeiten und einzigartige Technologien entwickelt, nicht nur um in den rauesten Umgebungen der Erde zu überleben, sondern auch um nachhaltiger und mit mehr Respekt vor der Natur zu leben. In Malaysia hat das Volk der Penan eine absolut geniale Technik entwickelt, um nachhaltig zu fischen, ohne die Umwelt zu schädigen, aber vor allem ohne Angel und Haken zu benutzen. Die Penan verwenden nämlich **TOXINE**, die aus bestimmten Pflanzen gewonnen werden, um die Fische zu betäuben und zu lähmen. Sobald sie an die Oberfläche kommen, fangen die Fischer nur die größeren Fische, während die kleineren sich nach einigen Minuten erholen und wieder schwimmen können. Auf diese Weise werden die Fischbestände nicht geschädigt.

Ein toller Schnitt!

Wusstest du, dass nicht alle Friseure zum Schneiden der Haare Scheren und Kämme verwenden? In Kolumbien lebt nämlich das Volk der Nukak, das seit jeher zu sehr ungewöhnlichen und bizarren Werkzeugen greift, um neue Frisuren zu kreieren. Es scheint, dass zumindest bis 1988 (dem Jahr, in dem dieser unberührte Stamm beschloss, aus dem Wald zu kommen und sich der Außenwelt zu präsentieren) Piranha-Zähne traditionell zum Haareschneiden verwendet wurden! Absurd, nicht wahr? Die müssen ja einen tollen Haarschnitt gehabt haben!

Die „Perückenmänner“

Wir sind im Tari-Hochland in Papua-Neuguinea. Hier gibt es einen Stamm, der den Spitznamen „Perückenmänner“ trägt. Dies ist der Stamm der Huli, der etwa 140.000 Menschen umfasst. Die exzentrischen „Perücken“ schmücken die Hüte der Männer, sind aber in Wirklichkeit aus deren Haaren gemacht! Ein weiterer Brauch dieses Stammes ist es, einen Rock aus Blättern und einen Gürtel aus Zöpfen zu tragen und eine Krallenaxt mit sich zu führen. Die Mitglieder malen auch ihre Gesichter gelb an, um rivalisierenden Clans Angst einzujagen. Ein für Papua-Neuguinea sehr wichtiges Tier, das so wichtig ist, dass es auch auf der Flagge des Landes erscheint, ist der Paradiesvogel. Zu seinen Ehren tanzen die Huli einen Tanz, der den Bewegungen dieses Singvogels ähnelt. Es handelt sich um einen Stamm, der zwar seine eigenen Traditionen bewahrt, sich aber auch stark für Touristen und Ausländer geöffnet hat und es geschafft hat, die Vergangenheit mit dem modernen Leben zu verbinden.

Der Skelett-Tanz

Hier ist ein weiterer besonderer Stamm, der in Papua-Neuguinea, insbesondere in der Provinz Chimbu, lebt. Dies sind die so genannten „tanzenden Skelette“ von Chimbu. Ihre Mitglieder malen ihre Körper wie echte Skelette schwarz an, sowohl vorne als auch hinten. Die „tanzenden Skelette“ verdanken ihren Namen einem seltsamen Tanz, den dieser Stamm seit Urzeiten aufführt, um seine Feinde in Angst und Schrecken zu versetzen. Es handelt sich um einen sehr abgelegenen Stamm, und bis heute ist wenig über sein Leben bekannt. Es ist sicher, dass sie in den Bergen bis zu einer Höhe von 2400 Metern über dem Meeresspiegel leben. Eine weitere Besonderheit der Gruppe ist, dass in ihren Behausungen Männer und Frauen getrennt voneinander leben, ihre Familien aber zusammenbleiben. Allmählich öffnet sich der Stamm auch für Besucher, und es ist nicht ungewöhnlich, dass sich seine Mitglieder bereit erklären, den uralten und stimmungsvollen „Skelett-Tanz“ vorzuführen. Dies ist durch stärker integrierte Vermittler mit dem Rest des Stammes möglich.

5

Kurioses aus der Natur: die unwahrscheinlichsten Fakten aus dem Tier- und Pflanzenreich

Sogar Fische furzen!

Vielleicht hast du dich noch nicht gewundert, dass Fische, wie andere Tiere auch, Blähungen haben können. Dies ist möglich, weil auch sie mit einem Darm ausgestattet sind. Hier kann sich Gas entwickeln, das dann oft in Form einer gallertartigen Membran ausgestoßen wird. Genau aus diesem Grund werden wir, wenn wir ein Aquarium haben, nicht oft sehen, wie Blasen an die Oberfläche steigen, wenn unsere kleinen Fische Gestank abgeben. In der Natur gibt es jedoch Fische, die Blähungen in Form von Blasen ausstoßen und sogar Fürze benutzen, um miteinander zu kommunizieren! Wir sprechen über den Hering. Dieser Fisch ist in der Lage, auf diese Weise klare Signale zu senden. Wenn ein Hering eine Blase mit Darmgas produziert, sendet er ein hochfrequentes Geräusch aus, das die Aufmerksamkeit der anderen Heringe erregt und sie dazu einlädt, einen kompakten Schwarm zu bilden.

Das Tier mit drei Herzen und neun Gehirnen

Dies ist ein kurioser Fall. Ja, in den Tiefen des Meeres gibt es ein seltsames Tier, das nicht weniger als drei Herzen und neun Gehirne hat.

Von wem ist die Rede? Das ist der Oktopus!

Das Hauptgehirn des Tintenfisches befindet sich im Kopf, alle anderen Organe sind auf die acht langen Tentakel verteilt. Tatsächlich können sich die Tentakel völlig unabhängig und autonom bewegen, da jeder einzelne von ihnen über Neuronen verfügt. Außerdem hat dieses Weichtier drei Herzen: Die ersten beiden pumpen venöses Blut in die Kiemen, das dritte dient dem Blutkreislauf zu den übrigen Organen. Das ist noch nicht alles. Es gibt noch eine weitere kleine Kuriosität über Tintenfische. Während des Schwimmens hört das Herz dieser **Tintenfische nämlich** auf zu schlagen. Während des Schlafs sind Tintenfische übrigens in der Lage, ihre Farbe zu ändern, je nachdem, wovon sie gerade träumen!

Wusstest du, dass ein „Riese“ im Wasser lebt?

Wir sprechen hier von einem riesigen Tier, dem größten der Welt. Welches wird es sein? Einige werden an den Elefanten denken, andere an die Giraffe oder vielleicht an das Nashorn. Nein: Das größte Tier der Erde lebt im Wasser und ist ein Walfisch. Die Rede ist vom Blauwal oder „Balaenoptera musculus“. Leider ist dieses Tier durch den Menschen vom Aussterben bedroht. Heute ist er eine geschützte Art und wird viel seltener gesichtet als in der Vergangenheit. Einige wenige Exemplare sind zwischen Patagonien und der Antarktis gesichtet worden. Ihr Lebensraum sind der Nordatlantik, der Pazifik und der Indische Ozean. Dies sind Ozeane mit kalten Temperaturen, die von Walen bevorzugt werden, weil sie dort ihre Lieblingsspeise finden: Krill (wirbellose Meerestiere).

Dieser riesige Wal gilt mit einer Länge von 30 Metern und einem Gewicht von 150 Tonnen als der größte Wal der Welt. Auch die Baby-Blauwale sind wahre Giganten. Tatsächlich wiegen die Welpen 2,5 Tonnen und sind bereits gut 8 Meter lang. Wie viele Wale hat auch dieser Wal ein Blasloch am Kopf, aus dem er Wasser versprüht.

Diese Sprays können eine Höhe von 9 Metern erreichen! Sie sind auch sehr schnell schwimmende Tiere. Sie können sogar bis zu 50 km/h erreichen.

Schildkröten, die aus ihrem Hinterteil atmen

Ich kann schon sehen, dass du gleich laut lachen wirst. Du solltest jedoch wissen, dass Schildkröten wahrscheinlich die einzigen Tiere sind, die auch aus dem Hinterteil atmen können. Diese Reptilien haben, wie viele andere Tiere auch, sowohl einen Mund als auch eine Lunge, die sie zum Atmen benutzen. Einige Schildkrötenarten ziehen es jedoch vor, den Sauerstoff auf einem anderen Weg aufzunehmen. Das liegt vor allem daran, dass diese Reptilien einen sehr dicken und schweren Panzer haben, vor allem bei den Landtieren, und dass die Panzer ziemlich dick sind. Zwei der Arten, die hauptsächlich für diese bizarre Atmung bekannt sind, sind der australische Fitzroy River und die nordamerikanische Sumpfschildkröte.

Männliche Seepferdchen tragen eine Schwangerschaft aus

Hier ist eine weitere außergewöhnliche Kuriosität aus dem Tierreich. Die Rede ist von Seepferdchen, die so niedlich und hübsch sind, dass man sie (leider) nur in großen Aquarien oder, wenn man Glück hat, in den Ozeanen gesehen hat.

Das Männchen dieses kuriosen kleinen Tieres hilft seiner Partnerin in jeder Hinsicht bei der Fortpflanzung. In seinem Bauch entsteht nämlich eine Art Beutel, in den die Partnerin nach der Befruchtung ihre Eier legt. Diese verbleiben zwei bis acht Wochen im Beutel mit dem „Papa". Das besondere Ereignis ist, dass es das männliche **HIPPOCAMPUS** ist, das die Jungen zur Welt bringen wird. Der Vater kann sogar bis zu 1000 Seepferdchenjunge zur Welt bringen, die jeweils 7 Millimeter lang sind.

• • • • ● • ● • • • •

Castori: „Vanilleerzeuger“

Biber sind Tiere, die in Teichen leben. Sie haben große Zähne zum Nagen von Holz und sind geschickte „Ingenieure“ und Dammbauer. Sie haben große Schwänze, die sie zu verschiedenen Zwecken einsetzen: um ihre Artgenossen vor der Anwesenheit eines Feindes zu warnen, als Ruder beim Schwimmen und als Gegengewicht, wenn sie schwere Dinge wie Baumstämme heben müssen. In der Eiszeit waren Biber sehr große Tiere und sind seitdem im Laufe der Evolution geschrumpft. Männchen sind auch große Romantiker und lieben nur einen Partner fürs Leben. Wenn sie sich in einen Biber verlieben, beginnen sie mit dem Bau eines neuen Dammes: Hier werden sie das Nest anlegen, in dem dann die neue kleine Familie leben wird. Was du vielleicht noch nicht wusstest, ist, dass diese niedlichen Nager nach Vanille riechen. Biber sind nämlich in der Lage, unter ihrem Schwanz eine chemische Substanz namens „Castoreum“ zu produzieren, die genau wie Vanille riecht. Diese völlig natürliche chemische Verbindung wird, da sie von Tieren produziert wird, auch als Aromastoff verwendet. Es wurde sogar von der FDA zugelassen, die es in jeder Hinsicht als Lebensmittelaroma bezeichnet.

• • • • ● • ● • • • •

Monogame Tiere: für immer zusammen

Wusstest du, dass die Monogamie keine Erfindung des Menschen ist, sondern ebenso wie die Polygamie (ihr Gegenteil) in der Natur durchaus existiert?

Du solltest wissen, dass es Tiere gibt, die, wenn sie sich für einen Partner entscheiden, dies für das ganze Leben tun. Das ist Monogamie. Manche paaren sich nur mit ihrem Partner, wie die Fledermäuse, andere gründen eine richtige Familie und teilen sich die Aufgaben der Aufzucht des Nachwuchses und der Nahrungsbeschaffung, wie die Grauwölfe. Du weißt es vielleicht nicht, aber es gibt viele treue Tierarten! Zu ihnen gehört auch ein oft unterschätztes Tier, das du wahrscheinlich jeden Tag auf Plätzen siehst: die Taube. Das Männchen dieses Stadtvogels braucht Zeit, um die richtige Partnerin zu finden. Er wirbt lange, akribisch und ausführlich um sie. Erst wenn sie sich „verlobt" haben, kann man sagen, dass das Paar stabil und paarungsbereit ist. Wenn das Weibchen zustimmt und sich bereit fühlt, Küken zu bekommen, beginnt es, am Schnabel des Männchens zu picken. Dieser wiederum bietet seinem Gefährten Essen direkt aus seinem Mund an, um den Vorschlag anzunehmen. Ein bisschen so, wie es die Vogelmutter tut, um ihre Küken zu füttern. Andere sehr romantische und treue Tiere sind Schwäne. Diese Vögel bleiben für immer zusammen, wenn sie einmal ein Paar sind. Außerdem sind sie sehr territorial und kümmern sich hingebungsvoll um ihre Nachkommen. Einige Raubvögel sind auch monogam, wie der Weißkopfseeadler und Eulen. Beide bilden ein lebenslanges Paar. Sie sind hervorragende Eltern und bereit, sogar ihr eigenes Leben zu opfern, um ihre Jungen vor größeren Raubtieren zu schützen.

Wusstest du, dass Delfine high werden?

Delfine sind sehr intelligente und sehr eigenartige Tiere. Du solltest wissen, dass diese Meeressäuger gerne high werden. Dazu verwenden sie das Gift des Kugelfischs. Um sich gegen seine Feinde zu verteidigen, produziert dieser Fisch ein gasförmiges Gift, das, wenn es in großen Mengen eingeatmet wird, eine narkotische Wirkung hat. Es wirkt wie eine Droge. Anstatt sich davor zu fürchten, lieben Delphine dieses Toxin. Um die Kugelfische dazu zu bringen, es zu produzieren, werfen sie sich gegenseitig die „Beute" zu, indem sie sie wie einen Ball mit ihren Schnauzen anstoßen. Sobald der arme Kugelfisch sein Gift ins Wasser abgelassen hat, werden die Delphine davon berauscht und geraten fast in einen tranceartigen Zustand. Sie beginnen sich wohlzufühlen und lassen sich vom Wasser tragen, so dass sie fast an der Oberfläche schweben. Die Delfine können bis zu einer halben Stunde mit einem Kugelfisch „spielen“, indem sie ihn sich gegenseitig zuwerfen, anstatt ihn sofort zu fressen, wie sie es mit anderen Arten tun, die sie fangen. Dies bestätigt den Wissenschaftlern zufolge die Tatsache, dass der Delfin auf diese Weise wirklich gerne „high“ wird.

Makaken im Thermalbad

Wusstest du, dass nicht nur Menschen gerne in Thermalbäder gehen, um sich zu entspannen? Japanmakaken sind wahre Liebhaber der Entspannung. Sie nutzen wunderbare natürliche heiße Quellen, echte Heißwasserbäder unter freiem Himmel, um sich aufzuwärmen und einen angenehmen, entspannten Tag zu verbringen. In Japan gibt es einen Ort, der ein wahres Paradies für diese Affen ist. Er wird „Höllental“ genannt, und hier leben die Makaken seit Jahrhunderten und trotzen sogar dem rauen Wetter und den harten Bedingungen. Er liegt auf einer Höhe von 850 Metern, nicht weit von der Präfektur Nagano entfernt. Es ist ein Ort voller „Onsen“, was auf Japanisch „heiße Quelle“ bedeutet. Hier verbringen die Makaken, die auch als „Schneeaffen“ bekannt sind, ihren Tag zwischen einem heißen Bad und einem lustigen und schelmischen Spiel mit Schneebällen und verzaubern die Besucher, die auf den Berg gereist sind, um sie zu fotografieren.

Wie schlafen Giraffen?

Giraffen sind schöne, große Tiere mit langen Hälsen, die in der Savanne leben und sich von Blättern und Gemüse ernähren. Aber hast du dich schon einmal gefragt, wie sie schlafen? Es ist in der Tat sehr selten, sie zusammengekauert für ein Nickerchen zu sehen! Giraffen schlafen im Stehen. In gebückter Haltung auf dem Boden zu schlafen ist zu gefährlich, da sie an einem Ort leben, der voller Raubtiere wie Löwen, Geparden, Hyänen usw. ist. Giraffen sind die Säugetiere, die von allen am wenigsten Schlaf brauchen. Sie brauchen nur eine halbe Stunde Schlaf pro Tag, um ihre Batterien aufzuladen. Man bedenke, dass Wissenschaftler bis 1950 glaubten, diese Tiere würden überhaupt nicht schlafen! Eben weil die Forscher sie nie einschlafen sahen. Sie brauchen auch wenig Wasser und können drei bis fünf Tage ohne auskommen. Sie versorgen sich hauptsächlich mit Flüssigkeit, indem sie bestimmte Pflanzen fressen. Das ist ein Vorteil, denn das Trinken an einer Wasserstelle wäre für eine Giraffe wiederum sehr gefährlich. Ihr langer Hals würde sie dazu zwingen, sich zu ducken und im Falle eines Angriffs durch ein Raubtier nicht zu reagieren.

6

Kuriositäten der Geschichte: historische Fakten, die du wahrscheinlich nicht kennst

Die giftige Mode des viktorianischen Zeitalters

Es mag seltsam klingen, aber die Mode im viktorianischen Zeitalter war tatsächlich giftig. Wir sind in England. Mit dem Tragen der Kleidung waren verschiedene Risiken verbunden: leicht entflammbare Stoffe, giftige Kopfbedeckungen, bleihaltige Kosmetika, atemberaubende Korsetts und Hüfthalter, giftige Farben. In jenen Jahren war es ein echtes Risiko, modisch zu sein, da es einen die Haut kosten konnte. Vor allem Frauen trugen früher riesige Röcke aus **Krinoline**. Kuriose Zeugenaussagen besagen, dass Frauen, die sie trugen, leichter Diebstähle begehen konnten. Doch es gab auch Nachteile: An einem windigen Tag konnte der Wind die Röcke mit ihrer Struktur völlig umstülpen und die Unterwäsche freilegen, was die Frauen mit Scham erfüllte.

Eine weitere Gefahr der Krinoline war, dass sie sich oft in den Rädern der Kutschen verfing und leicht Feuer fing. Es wird erzählt, dass eine Frau aus dieser Zeit, Frances Appleton Longfellow, verbrannte, weil ihr Kleid Feuer fing: Die Flammen breiteten sich so schnell aus, dass keine Zeit blieb, das Feuer zu löschen. Die langen Kleider, die die Damen der damaligen Zeit trugen, wurden auf der Straße auch leicht durch Schlamm und Mist verschmutzt. So verbreiten sie eine enorme Menge an Keimen und Bakterien von einem Ort zum anderen und bringen auch Krankheiten in die Wohnung.

Eine weitere beängstigende Kuriosität betrifft die Farbe Grün. Im viktorianischen Zeitalter erfand der Chemiker Carl Wilhelm Scheele ein grünes Pigment, indem er weißes Arsen, Kalium und Vitriol mit Kupfer mischte. Diese hochgiftige und gefährliche Substanz wurde mit Begeisterung in „Smaragdgrün" umbenannt. Es wurde so beliebt, dass die Menschen nicht nur ihre Kleidung färbten, sondern auch Kerzen, Spielzeug und sogar Süßigkeiten damit färbten. Denken Sie daran, dass das „British Medical Journal" behauptet hat, dass Frauen, die ein grünes Kleid tragen, bei Galabällen Dutzende von Menschen töten können. Doch trotz der Warnungen von Ärzten und Wissenschaft hat keiner von ihnen aufgehört, Arsengrün zu tragen. Die Farbe war beliebt und wurde als besonders schön und attraktiv angesehen.

Die Geschichte der Pizza Margherita

Jeder liebt Pizza! Wenn wir von Pizza sprechen, denken wir sofort an ihren unverwechselbaren Geschmack, ihre Farben und ihr unwiderstehliches Aroma. Es ist das repräsentativste italienische Gericht in unserem Land und erobert seit vielen Jahren auch den Rest der Welt. Pizza hat eine lange Geschichte, die bis zu den Ägyptern und alten Griechen zurückreicht. Aber die Pizza, wie wir sie heute kennen, wurde 1738 in Neapel geboren, in dem Jahr, in dem die Tomate zum ersten Mal verwendet wurde. Im Jahr 1889 besuchten König Umberto I. und Königin Margherita Neapel und waren neugierig auf das typische Gericht der Stadt. Es scheint, dass die Königin die mit Mozzarella, Basilikum und Tomaten belegte Pizza sehr mochte. Ist dir auch aufgefallen, dass die Farben dieser drei Zutaten mit denen der italienischen Flagge übereinstimmen? Von da an erhielt die Pizza mit dieser Belagskombination den Namen „Pizza Margherita", die bis heute die beliebteste Pizza der Welt ist. Bist du jetzt hungrig?

Wer hat wirklich die Mona Lisa gestohlen?

Die Mona Lisa von Leonardo da Vinci mit ihrem zarten Gesicht und dem rätselhaften Lächeln ist vielleicht das berühmteste Gemälde aller Zeiten und eines der repräsentativsten Italiens. Leonardo malte es in Florenz und nahm es 1516 mit nach Frankreich, als König Franz I. ihm anbot, für ihn zu arbeiten. Das Gemälde wurde später vom König gekauft und ging in den Besitz Frankreichs über. Am 21. August 1911 wurde es aus dem Louvre-Museum in Paris, Frankreich, gestohlen. Es war nicht der berühmte Dieb Arsenio Lupin, der es gestohlen hat, sondern ein italienischer Maler, der im Museum arbeitete. Da er der Meinung war, dass die Mona Lisa nach Italien gehörte, beschloss er, sie unter seinem Mantel zu verstecken und aus dem Louvre zu stehlen. Danach nahm er sie mit in sein Haus in der kleinen Stadt Luino und hängte sie für einige Jahre in seiner Küche auf. In der Zwischenzeit suchten die Menschen in Frankreich und im Rest der Welt weiter verzweifelt nach ihr. Der Maler, der sich in finanziellen Schwierigkeiten befand, wollte das Gemälde loswerden und reiste nach Florenz, um es an zwei bedeutende Antiquitätenhändler der Stadt zu verkaufen. So wurde die Mona Lisa sofort erkannt und wiedergefunden, während der Maler von der Polizei gefasst und verhaftet wurde. Der Diebstahl trug dazu bei, das Gemälde in der ganzen Welt noch berühmter zu machen.

Wer hat seinen Namen zuerst geschrieben?

In der Schule haben wir alle gelernt, dass die Sumerer in Mesopotamien vor etwa 5000 Jahren die Schrift erfunden haben. Aber wer war die erste Person in der Geschichte, die ihren Namen geschrieben hat? Die Sumerer schrieben, indem sie Zeichen in Tontafeln ritzten, und auf einer von ihnen wurde ein Name gefunden: Kushim! Yuval Noah Harari, ein berühmter israelischer Historiker, vermutet, dass es sich bei diesem Mann um einen Schreiber handelt, der für die Aufzeichnung der Gerstenmengen zuständig war. Damals wurde die Schrift vor allem für Berechnungen oder zur Katalogisierung von Geschäftsinformationen verwendet. Kushim wurde so zum ersten geschriebenen Namen der Geschichte. Das Besondere daran ist, dass wir es nicht mit einem König oder Kaiser zu tun haben, sondern nur mit einem einfachen angestellten Bürger. Derselbe Name wurde in 12 weiteren Tafeln gefunden.

Uta von Naumburg: die Schönste im ganzen Reich

Kennst du die böse Königin aus dem Zeichentrickfilm Schneewittchen? Nun, wir verraten dir, wer die Inspiration für das Konterfei des berühmten Antagonisten war. In den 1930er Jahren war eine Gruppe von Zeichnern, die für Walt Disney arbeiteten, im Begriff, den ersten abendfüllenden Zeichentrickfilm der Filmgeschichte zu drehen. Die Entscheidung, welches Gesicht Königin Grimilde bekommen sollte, war wirklich schwierig. Nachdem er zahlreiche Skizzen angefertigt hatte, sprach der Designer und Regisseur Wolfgang Reitherman mit Walt Disney und riet ihm, nach Deutschland zu gehen, genauer gesagt nach Naumburg, wo es einen Dom voller Statuen und Skulpturen gibt. Eine davon war die der schönen Uta, einer deutschen Adeligen, die um das Jahr 1000 lebte. Natürlich wurde die Idee sofort von allen mit Begeisterung aufgenommen. Utas Gesicht und Kleidung dienten sofort als Vorbild für die Charakterisierung der bösen Königin, die fortan Grimilde genannt wurde. Dank des Zeichentrickfilms Schneewittchen wurde die Statue von Uta weltberühmt.

Die erste Zeitung der Geschichte

Zeitungen gehören heute zu unserem Alltag, es gibt sie in verschiedenen Ausführungen und sie informieren uns über alles, was in der Welt passiert. Aber wie weit zurück reicht die erste Zeitung in der Geschichte? Die Verbreitung der Zeitung ist zweifelsohne mit der Geburt einer bestimmten Erfindung verbunden: dem Druck mit beweglichen Lettern. Dies geschah im Jahr 1450, und zwar in Deutschland, durch Johannes Gutenberg. Dank dieser revolutionären Erfindung begannen in ganz Europa Bücher, Rundschreiben, Zeitungen und Blätter aller Art zu zirkulieren, die immer dann gedruckt wurden, wenn die Menschen über wichtige Neuigkeiten informiert werden wollten.

Die erste moderne Zeitung stammt aus dem Jahr 1650 und wurde in Leipzig, Deutschland, unter dem Namen „Leipziger Zeitung" herausgegeben. Die erste italienische Zeitung ist vielmehr die berühmte „Gazzetta di Mantova" von 1664. Wir können jedoch sagen, dass es schon einige Jahrhunderte früher, zur Zeit der alten Römer, eine Art von Zeitung gab. Im Jahr 59 v. Chr. wurden die „Tagesentscheidungen", d. h. die Nachrichten, die die Menschen über die wichtigsten Ereignisse des Tages informierten, im römischen Forum veröffentlicht. Man konnte über Kriege, politische Ereignisse und manchmal sogar über Klatsch und Tratsch sprechen!

Warum haben die alten Ägypter Katzen so sehr geliebt?

Im alten Ägypten galten Katzen als heilige Tiere und wurden daher überall verehrt und abgebildet. Von Gemälden bis hin zu Statuen zeigt alles, wie wichtig sie für die ägyptische Zivilisation waren, sowohl in religiöser als auch in kultureller Hinsicht. Sogar Mafdet (die Göttin der Gerechtigkeit) oder Bastet (Beschützerin des Hauses und Symbol der Fruchtbarkeit) wurden mit dem Abbild einer Katze abgebildet.

Wie kam es zu dieser Besessenheit der Ägypter von Katzen? Einer der Hauptgründe war die Tatsache, dass die Katze Mäuse, Schlangen und Schädlinge fangen und verjagen konnte, die die Ernten ernsthaft zu schädigen drohten. Die Freundschaft zwischen der Katze und dem Menschen begann vor etwa 10.000 Jahren, als mit der Entstehung der Landwirtschaft die ersten menschlichen Siedlungen an den Ufern des Nils entstanden. So wurde die Katze, die so geheimnisvoll und faszinierend, aber auch so eng mit dem Menschen verwandt ist, bald zu einem heiligen Tier, einem Symbol für Schutz und Wohlstand. Außerdem war es Tradition, Katzen einzubalsamieren, zu mumifizieren und in der Nähe der Gräber von Königen und Pharaonen zu platzieren, um sie im Jenseits zu schützen und zu bewachen.

Der älteste Zeichentrickfilm der Filmgeschichte

Obwohl Walt Disneys Schneewittchen der erste abendfüllende Zeichentrickfilm der Geschichte ist, ist er nicht der erste Zeichentrickfilm überhaupt. Der erste Zeichentrickfilm trug den Titel „Fantasmagorie", wurde von Emile Cohl gedreht und am 17. August 1908 in Frankreich gezeigt. In früheren Jahrhunderten, noch vor der Erfindung des Kinos, gab es zahlreiche Experimente in der Welt der Animation. Denke zum Beispiel an den chinesischen Schatten, das Zoetrop, das optische Theater, das Kinetoskop oder die Laterna Magica, alles geniale Vorrichtungen, die in gewisser Weise für die Entstehung des Kinos und später des Animationsfilms notwendig waren. Fantasmagorie dauert insgesamt zwei Minuten und hat keine wirkliche Handlung: Es gibt einen Clown und einen Herrn, die stilisiert dargestellt werden, und es gibt viele verschiedene Gegenstände, die sich verwandeln, zum Beispiel eine Flasche, die zu einer Blume wird.

Was du nicht über primitive „Gewohnheiten" wusstest

D

ie Arbeit, die Archäologen und Forscher dank ihrer Funde und zahlreicher Studien tagtäglich leisten, ermöglicht es uns, immer genauer alles über das Leben und die Gewohnheiten unserer prähistorischen Vorfahren zu erfahren.

Wusstest du, dass wir viele Dinge mit den Urmenschen gemeinsam haben? So hatten auch sie Haustiere, die den heutigen Hunden und Katzen ähneln. Diese Tiere wurden nicht nur für die Jagd benutzt, sondern waren echte Familienmitglieder, und wenn sie starben, wurden sie zusammen mit ihren Besitzern begraben. Was hatten sie noch mit uns gemeinsam? Studien zufolge tranken sie offenbar auch Bier während der Zeremonien, kochten aufwendige und köstliche Gerichte, um ihre Gäste zu beeindrucken, bemühten sich um eine ausgewogene Ernährung auf der Grundlage von Fleisch- und Gemüsegerichten und benutzten Messer und Geräte, die speziell zum Kochen und Sammeln von Früchten und Pflanzen hergestellt wurden.

„Komm schon, Zeit aufzustehen!"

Wie schafften es die Menschen in den frühen 1900er Jahren, morgens aufzustehen, als es nur wenige Wecker auf dem Markt gab und die meisten davon sehr teuer waren? In England und Irland gab es in den am stärksten industrialisierten Städten den „Weckrufer". Dieses ungewöhnliche und weit verbreitete Gewerbe bestand darin, um die Häuser zu gehen und alle Menschen zu wecken, die sofort zur Arbeit gehen mussten. Die „Weckmänner" bewaffneten sich daher mit sehr langen Stöcken und klopften an verschiedene Türen, bis die Hausbewohner zur Arbeit gingen. Im Gegensatz dazu zog die „Weckruferin" Mary Smith mit einem Gummischlauch durch die Straßen Londons und benutzte ihn wie ein Blasrohr. Die Frau nahm getrocknete Erbsen und warf sie gegen die Fenster der Häuser der Arbeiter. Es handelte sich um ein Gewerbe, das vor allem von Menschen in einem bestimmten Alter oder von einigen Polizisten ausgeübt wurde, die damit ihr Gehalt aufbesserten.

Guinness-Kuriositäten: die unglaublichsten Rekorde

Kennst du das Guinness-Buch der Rekorde? Wusstest du, dass es auf der Welt Männer und Frauen gibt, die dafür bezahlt werden, die verrücktesten und originellsten Schallplatten der Welt zu finden und auszuwählen? Alle diese Aufzeichnungen und Informationen werden dann gesammelt. Die originellsten unter ihnen haben die Chance, in das große Buch der Rekorde aufgenommen zu werden.

Das erste Guinness-Buch entstand aus einer einfachen Wette zwischen einer Gruppe von Freunden. Heute ist es jedoch zu einem weltweit bekannten Phänomen geworden. Man denke nur daran, dass das Guinness-Buch der Rekorde laut Untersuchungen nach der Bibel und dem Koran das meistverkaufte Buch der Welt ist. In der Tat gibt es jedes Jahr viele kuriose und unwahrscheinliche Rekorde, die aufgestellt werden. Schauen wir uns gemeinsam einige der originellsten davon an.

Die rekordverdächtige Star Wars-Installation aus Lego

Die größte Lego-Installation zum Thema Star Wars fand 2019 in Chicago statt. Aus mehr als 35.000 Figuren wurde ein riesiger Stormtrooper-Helm zusammengebaut.

Die Stormtroopers sind die Kämpfer des Galaktischen Imperiums, die während des berühmten Galaktischen Bürgerkriegs in den Kampf zogen, falls du noch keine Gelegenheit hattest, Star Wars zu sehen. Dieses besondere Lego-Werk wurde in beeindruckenden 38 Stunden mit Hilfe von 13 Personen auf der „Star Wars Celebration" 2019 hergestellt.

Der Surfer, der die größte Welle der Welt ritt

Wir schreiben den November 2017. Es ist ein 39-jähriger Brasilianer, der diesen phänomenalen Rekord hält. Sein Name ist Rodrigo Koxa. Rodrigo hat es geschafft, in das Guinness-Buch der Rekorde für das Surfen auf einer sehr hohen Welle einzutreten: 25 Meter. Das war eine außergewöhnliche Leistung. Der brasilianische Junge brach damit den bisherigen Rekord. Im Jahr 2011 wurde sogar eine Welle von nur 23 Metern Höhe gemessen.

Das reichste Kätzchen der Welt erbt

Sein Name ist Blackie und er ist ein freundlicher Kater, der zur reichsten Katze der Welt geworden ist. Dies geschah, nachdem er nach dem Tod seines liebevollen Besitzers im Jahr 1988 ein stattliches Vermögen von 12,4 Millionen Dollar geerbt hatte. Blackie war eine sehr glückliche Katze. Er war der letzte eines Wurfes von fünfzehn Kätzchen und wurde von seinem Besitzer adoptiert. Dieser Herr beschloss, seinen Besitz und sein Vermögen nicht seiner Familie zu hinterlassen. Stattdessen beschloss er, seinen gesamten Nachlass der Katze zu vermachen und natürlich auch den Menschen und Vereinen, die sich nach seinem Tod weiter um seinen geliebten Blackie kümmern sollten.

Rekordverdächtige Süßigkeiten

Lass uns ein wenig über rekordverdächtige Desserts sprechen.

Wusstest du, dass in Mailand ein rekordverdächtiger Panettone-Kuchen gebacken wurde, der größte der Welt, so groß, dass er in das Guinness-Buch der Rekorde aufgenommen wurde? Dieser Kuchen ist 1 Meter lang und 50 Zentimeter hoch. Sein Durchmesser beträgt 115 Zentimeter. Die Zubereitung dieses riesigen Panettone dauerte etwa 100 Stunden, und im Dezember 2018 wurde er dann offiziell gebacken.

Wenn wir schon beim Thema Süßigkeiten sind: Wir sind in Neapel, um einen weiteren köstlichen Rekord zu erleben... die größte Zeppola di San Giuseppe der Welt! Die Torte wurde für die Vatertagsfeierlichkeiten am 19. März 2019 vorbereitet. Der Autor dieses Eintrags ist der Küchenchef Stefano Avellano. Stefano gelang der Eintrag in das wichtigste Buch der Weltrekorde vor allem dank einer großartigen Besonderheit: einer 25 kg schweren Hülle aus Sahne und Sauerkirschen. Die größte Zeppola di San Giuseppe der Welt erreichte ein Gewicht von 84 kg und einen Durchmesser von über einem Meter. Eine wahre Delikatesse.

Zum Schluss noch ein weiterer köstlicher, rein italienischer Rekord, diesmal in Latina, Latium, für Profiterole. Im September 2019 gelang es dieser Stadt, den im März 2019 aufgestellten Schweizer Rekord für die größte Profiterole der Welt zu brechen. Die Torte, die im schweizerischen Airola zusammengesetzt wurde, wog „nur" 230 kg. Der Rekord ging dann an Italien, und zwar dank einer majestätischen Profiterole mit einem Gewicht von 430 kg. Die Profiterole ist ein köstliches Löffeldessert. Er besteht aus mit Sahne gefüllten Windbeuteln, die anschließend mit Schokoladenglasur überzogen werden. Für den Weltrekord in Latina wurde eine Profiterole aus nicht weniger als 9.000 Windbeuteln hergestellt, die mit 200 kg Chantilly-Creme gefüllt und mit 200 kg Schokolade überzogen war.

Das größte aus Spielkarten gebaute Haus

Dieser Rekord wurde 1992 von Bryan Berg aufgestellt. Bryan hat aus seinen Spielkarten ein 75-stöckiges Haus gebaut. Um das höchste Kartenhaus der Welt zu bauen, verwendete er 91.800 Karten in seiner Vorstellung. Die Höhe des Bauwerks betrug 7 Meter und 71 Zentimeter. Erneut gelang es Herrn Berg, diesmal im Jahr 2007, seinen eigenen verrückten Rekord zu brechen. Es gelang ihm, ein sehr hohes Haus aus Spielkarten mit einer Höhe von 7 Metern und 86 Zentimetern zu bauen. Im Jahr 2012 verriet er in einem Video auch einige Tricks, die er bei seinem Rekordversuch angewendet hatte.

Der größte Schokoladenmilchshake, der aus den Nasenlöchern kommt

Dies ist in der Tat ein bizarrer Rekord, der im August 1999 von Gary Bashaw Jr. aufgestellt wurde. Der Star dieses Rekords ist ein Schokoladenmilchshake oder, wie die Amerikaner sagen, ein „Milkshake“. Gary kann eine große Menge Milchshake in den Mund nehmen und lässt ihn dann durch die Nase wieder heraus. Die Richter errechneten, dass 54 ml Schokoladenmilchshake aus der Nase von Herrn Bashaw austraten. Deshalb wurde ihm ein neuer Guinness-Weltrekord verliehen: der Rekord für die größte Menge Milchshake, die durch die Nasenlöcher ausgestoßen wurde.

Die längsten menschlichen Nägel

Dieser Rekord wurde, man stelle sich das vor, von einem Mann aufgestellt: Melvin Boothe, der im Jahr 2009 eine Länge von 9 Metern und 85 Zentimetern für seine Nägel erreichte. Eine bizarre und phänomenale Leistung. Herr Boothe konnte seinen Rekord leider nicht mehr verbessern, indem er versuchte, ihn zu brechen, da er leider nach einigen Monaten starb.

Guinness-Sammlungen

Wir sind in Georgia, genauer gesagt in Alpharetta. Der Gewinner dieses seltsamen und ungewöhnlichen Rekords ist Herr Val Kolpakov, der in seinem Haus die weltweit größte Sammlung von Zahnpastatuben aufbewahrt. Hier werden Zahnpastapackungen aus der ganzen Welt gezählt, insgesamt 2037 Tuben. Ein echter Guinness-Weltrekord, den Kolpakov im Jahr 2012 aufgestellt hat.

Der Inhaber des „magischen" Rekords aus dem Jahr 2014 ist Menahem Asher Silva Vargas aus Mexiko. Dieser Mann hat den Rekord für die größte Harry-Potter-Sammlung gewonnen. Seine prächtige Sammlung zählt, man stelle sich das vor, 3092 Gegenstände, und damit hat er es auf Anhieb in das Weltrekordbuch geschafft.

Den Rekord für die größte Sammlung von Gartenzwergen hält jedoch eine Frau. Es handelt sich um Ann Atkins, die im Jahr 2000 in das Guinness-Buch der Rekorde aufgenommen wurde, nachdem sie es geschafft hatte, nicht weniger als 2010 Zwerge zu sammeln. Atkins konnte diesen Rekord noch einmal verbessern, indem sie ihre Sammlung erweiterte: 2011 konnte sie nicht weniger als 2042

Gartenzwergstatuen in ihrem Haus unterbringen, so viele, dass sie ihnen ein richtiges Reservat widmete, das „Gnome Reserve". Diese fantastische Sammlung befindet sich in England, genauer gesagt in Devon, einer Grafschaft des Vereinigten Königreichs auf der Halbinsel Cornwall.

Eine weitere kuriose Sammlung betrifft die größte Sammlung von Fastfood- „Überraschungen" und „Spielzeug". Dieser Rekord wurde 2014 ins Guinness-Buch der Rekorde aufgenommen, als Percival Lugue darum bat, dass seine immense Sammlung von Fast-Food-Spielzeug und Überraschungen von Richtern bewertet wird. In seinem Haus auf den Philippinen, genauer gesagt in Apalit, bewahrte Percival insgesamt 10.000 Stück in perfektem Zustand auf. Diese brachten ihm den Weltrekord als Inhaber der weltweit größten Sammlung von Fast-Food-Spielzeug ein.

Die längste Pizza der Welt

Der Rekordhalter für die längste Pizza der Welt war bis 2017 der neapolitanische Pizzabäcker, aber dann... wurde er geschlagen! Am 10. Juni desselben Jahres kreierten Pizzabäcker in Los Angeles, Kalifornien, eine fast 2 Kilometer lange und 7.800 Kilo schwere Pizza. Für die Zubereitung wurden nicht weniger als 1.600 Kilo Käse und 2.542 Kilo Tomatensoße verwendet.

Der Zumba-Kurs mit den meisten Teilnehmern der Welt

Wir sind auf den Philippinen, in Mandaluyong. Hier versammelte sich 2015 eine große Gruppe von 12.975 Menschen, um Zumba zu praktizieren, eine Übung, die aerobe Bewegungen mit Musik verschiedener Genres (wie

Hip-Hop, Salsa, Merengue, Mambo usw.) kombiniert. Der überfüllte Zumba-Kurs in Mandaluyong wurde von den Richtern als „der beste der Welt" bezeichnet.

ROLL
SCENE
TAKE
DIRECTOR
CAMERA
Day Nite Int Ext Mos
DATE

7

Kuriositäten des Kinos: von Hollywood nach Hogwarts über den Weltraum

Aber wer ist dieser Oscar?

Vielleicht weißt du, dass der so genannte „Oscar“ einer der wichtigsten Filmpreise der Welt ist. Der eigentliche Name dieses begehrten Preises lautet „Academy Award of Merit“: Bei einer jährlich in Hollywood stattfindenden Zeremonie werden der beste Film, die besten Haupt- und Nebendarsteller, der beste Regisseur, die besten Kostüme und vieles mehr mit einer goldenen Statuette ausgezeichnet. Jeder in Hollywood versucht, der Beste zu sein und den weltberühmten Oscar in den Händen zu halten! Aber wie kommt es, dass die Statuette diesen Namen trägt? Er entstand, als Margaret Harrick, die Sekretärin der Akademie, die Statuette zum ersten Mal sah und urteilte, dass sie ihrem Onkel Oscar sehr ähnlich sah....

Die jüngsten Preisträger der Welt

Im Laufe der Geschichte der Oscar-Verleihung haben viele sehr junge Schauspielerinnen und Schauspieler eine Statuette für die beste Hauptrolle (häufiger jedoch für eine Nebenrolle) in den Filmen erhalten, in denen sie

mitgespielt haben. Vielleicht weißt du nicht, dass einige von ihnen so jung waren, dass sie noch Kinder waren!

Die jüngste Schauspielerin, die einen Oscar gewann, war Tatum O'Neil, die 1974 im Alter von nur 10 Jahren den Preis für ihre Rolle in dem Film Paper Moon erhielt. An zweiter Stelle steht Anna Paquin, die ihn 1994 im Alter von 11 Jahren für die beste Nebendarstellerin in dem Film Lessons in the Piano erhielt. Ein besonderer Jugendrekord in der Filmwelt ist jedoch der der kleinen Mary Gibbs. Das Kind war eine Synchronsprecherin, die bereits im Alter von 4 Jahren einige Disney-Figuren vertonte. Ihre erste Synchronisation als „Stimme" des kleinen Simba in „König der Löwen - Simbas Königreich" geht auf das Jahr 1998 zurück... da war sie gerade einmal eineinhalb Jahre alt!

Harry Potter, große Zähne und der Stein der Weisen

„Harry Potter und der Stein der Weisen", der erste Film der erfolgreichen Reihe über den kleinen und sehr berühmten Zauberer, birgt einige sehr interessante Kuriositäten. Zunächst einmal war die erste Szene, die gedreht wurde, die letzte Szene des Films! Das heißt, die, in der der Hogwarts-Express von der Zauberschule wegfährt. Außerdem wurden die Hauptdarsteller vom Regisseur anfangs gezwungen, wirklich unbequeme Sachen zu tragen: Daniel Redcliffe als Harry Potter musste grüne Kontaktlinsen tragen, weil das die Augenfarbe des Protagonisten in den Büchern ist. Der Junge reagierte jedoch sehr stark allergisch und die Idee wurde verworfen! Emma Watson hingegen spielte als Hermine eine Figur, die in den Büchern als besonders zahnstark beschrieben wurde. Und so zwang der Regisseur des Films sie gleich in den ersten Szenen dazu, eine sehr unbequeme Zahnprothese zu tragen! Glücklicherweise erkannte sie, dass sie unmöglich so schauspielern konnte... und die Prothese wurde entfernt.

Was du nicht über den König der Löwen wusstest

Dieser erfolgreiche Disney-Zeichentrickfilm aus dem Jahr 1994 wurde nicht, wie so viele andere Spielfilme, von einem klassischen Märchen inspiriert... sondern sogar von Shakespeares Hamlet! In die Geschichte sind jedoch viele Elemente der Suaheli-Kultur und -Sprache eingeflossen, der am weitesten verbreiteten Sprache auf dem afrikanischen Kontinent (der Film spielt tatsächlich in Afrika). Wusstest du, dass der Name Simba auf Suaheli Löwe bedeutet? Und hier ist die Bedeutung der Namen der anderen Figuren: Nala bedeutet „Geschenk“, Pumba „dumm“ und Rafiki „Freund“. Außerdem ist das Kinderlied „Asante sana“, das der Pavian Rafiki in einer berühmten Szene singt, in Wirklichkeit ein Kinderlied aus der afrikanischen Volkskultur. Die Savanne und ihre Bewohner wurden von den Designern so gekonnt nachgebildet, denn bevor sie sich an die Arbeit machten, bereiteten sie sich vor und entspannten sich... bei einer schönen afrikanischen Safari!

Schweigen im Saal!

Einige lustige Fakten über Kinos auf der ganzen Welt, die du vielleicht noch nicht wusstest: Die größte Leinwand der Welt befindet sich im Darling Harbour IMAX Theatre in Sydney, sie ist 36 Meter breit und 30 Meter hoch! Darüber hinaus bietet das Theater Platz für 540 Personen.

Der typische Kinosnack in China sind getrocknete Tintenfische, die in Packungen wie Chips verkauft werden! Und schließlich befindet sich das älteste noch in Betrieb befindliche Kino der Welt in Frankreich, in Aniche: Es heißt „Idéal Cinéma-Jacques Tati“ und ist seit 1905 geöffnet!

Dinosaurier im Kino... mit ein paar Fehlern!

Wusstest du, dass einige der Dinosaurier, die im ersten Film von Steven Spielbergs Jurassic Park-Saga aus dem Jahr 1993 dargestellt wurden, nie existiert haben? Oder besser gesagt, selbst wenn sie existierten, waren sie ganz anders, als sie später auf dem Bildschirm dargestellt wurden. So glich der Velociraptor in Wirklichkeit einem großen Huhn mit einem langen, gefiederten Schwanz, während er im Film als riesige, wilde und muskulöse Echse erscheint. Und dann ist da noch der Dilophosaurus, der in Wirklichkeit gar kein Gift spuckte wie im Film... und auch nicht den großen regenbogenfarbenen Kamm hatte, mit dem er im Kino dargestellt wurde, sondern nur eine kleine Ausstülpung an der Spitze seines Kopfes.

Sehr hässliche Aliens auf der großen Leinwand!

Wahrscheinlich hast du schon einige Filme gesehen, in denen Außerirdische auf der Erde landen, sie erobern und Freunde... oder Feinde der Menschen werden! Es gibt viele, aber der zarteste Außerirdische im Kino ist sicherlich der kleine Außerirdische E.T., der von Steven Spielberg erschaffen wurde und im gleichnamigen Film aus dem Jahr 1982 die Hauptrolle spielt.

Wusstest du, dass der Regisseur die Idee zu dieser Geschichte aus einer eigenen Kindheitserinnerung heraus hatte? Er dachte an die Zeit zurück, als er als Kind einen imaginären außerirdischen Freund erfunden hatte, um die Scheidung seiner Eltern besser zu verkraften.

Carlo Rambaldi, ein italienischer Special-Effects-Experte, schuf das Aussehen von E.T. und machte ihn nach den Wünschen des Regisseurs so hässlich wie möglich. Er erreichte dies, indem er die Gesichtszüge berühmter Persönlichkeiten wie Albert Einstein mit denen eines Mopses kreuzte...!

Der gruseligste Horrorfilm der Geschichte

Im Jahr 2020 wurde ein Experiment namens „Science of scare“ durchgeführt, um den gruseligsten Horrorfilm der Geschichte zu ermitteln. Bei den „Opfern“ handelte es sich um 250 Zuschauer, die sich 30 Horrorfilme in einem speziellen Raum ansahen, in dem unter Aufsicht eines Arztes ihr Herzschlag während des Films überwacht wurde. Der Film, der ihren Herzschlag am meisten beschleunigte, gewann den Titel des gruseligsten Films der Geschichte! Es handelt sich um „Host“, einen britischen Film, der 2020 in die Kinos kam und die Geschichte einer Gruppe von Freunden erzählt, die vor einem übernatürlichen Wesen fliehen müssen, das während einer Séance erzeugt wird. Der Film spielt sich komplett bei einem Video Call über Zoom ab und schlägt sogar Klassiker wie „Der Exorzist“!

8

Alptraumhafte Kuriositäten: Die unwahrscheinlichsten Phobien

Koumpounophobie: die Angst vor Knöpfen

Es gibt mehr oder weniger seltsame Ängste in der Welt, die ausgelöst werden, wenn man mit bestimmten Gegenständen oder Situationen konfrontiert wird. Der Ursprung dieser Ängste ist mit persönlichen und traumatischen Ereignissen verknüpft, die oft bis in die Kindheit zurückreichen. Was sind also die absurdesten Ängste?

Beginnen wir mit der Koumpounophobie, also der Angst vor Knöpfen. Wer hätte gedacht, dass ein so harmloser und alltäglicher Gegenstand wie ein Knopf so unheimlich sein kann? Manch einer mag sogar lächeln, doch diese scheinbar unmotivierte Phobie kann die Dinge ziemlich kompliziert machen. Wer unter Koumpounophobie leidet, kann Knöpfe nicht anfassen, nicht sehen, nicht an seiner Kleidung tragen und nicht an anderen Menschen sehen. Die Angst vor Knöpfen ist bei Kleinkindern weit verbreitet und lässt sich auf die Sorge der Eltern zurückführen, dass ihr Kind einen Knopf verschlucken oder daran ersticken könnte. Oft bleibt diese Phobie auch im Erwachsenenalter bestehen, ist mit einem übermäßigen Kontrollbedürfnis verbunden und kann Ekelgefühle und Atemnot auslösen.

Chromatophobie: die Angst vor Farben

Eine Welt ohne Farben ist nicht denkbar. Diejenigen, die unter Chromatophobie leiden, würden jedoch am liebsten alles in Schwarz und Weiß sehen, da Farben Schmerzen und Leiden verursachen. Wie alle anderen Phobien ist auch diese auf die Assoziation einer Farbe mit einem traumatischen Ereignis zurückzuführen. In der Regel entwickelt sich diese Angst im Umgang mit starken, leuchtenden Farben. Man kann Angst vor allen Farben oder vor einer bestimmten Farbe haben. So kann beispielsweise jemand, der Angst vor der Farbe Gelb hat (Xanthophobie, abgeleitet vom griechischen Wort xantu für gelb), kein Objekt in dieser Farbe sehen. In vielen Kulturen und Traditionen scheint Gelb eine Farbe zu sein, die mit Pech und **Unglück** verbunden ist. Chromatophobie-Patienten haben in der Regel starke Angst, Herzrasen und irrationale Panik als Symptome.

Kenophobie: die Angst vor leeren Räumen

Hast du dich schon einmal inmitten eines großen leeren Raumes befunden und dich sofort danach unwohl und besonders ängstlich gefühlt? Dies könnte ein typischer Fall von Kenophobie sein, einer der am weitesten verbreiteten Phobien der Welt. Diejenigen, die sich vor leeren, nicht überfüllten Räumen fürchten, empfinden ein starkes Gefühl der Beklemmung und des Unbehagens, und es spielt keine Rolle, ob man sich inmitten einer riesigen Prärie oder in einem leeren Raum befindet, denn das Gefühl der Beklemmung und der Angst kann dasselbe sein. Man kann also Angst vor dem Fliegen in einem Flugzeug haben, aber auch davor, sich von einem Balkon zu lehnen. Auch in diesem Fall sind die Ursachen der Traumata oftmals in der Kindheit zu finden. Die

Symptome derjenigen, die unter dieser Angst leiden, sind unterschiedlich und können je nach Person mehr oder weniger stark ausgeprägt sein: Panik, Herzrasen, Erstickungsgefühl, Schwindel, Übelkeit und Kopfschmerzen. Die Angst vor der Leere kann in manchen Fällen auch im übertragenen Sinne verstanden werden: Die Leere der Seele erzeugt tiefe Einsamkeit und entspringt der Angst, einer bestimmten Situation nicht gewachsen zu sein.

Omphalophobie: die Angst vor dem Nabel

Was empfindest du, wenn du deinen eigenen Bauchnabel oder den von anderen betrachtest? Ist es dir völlig gleichgültig oder empfindest du ein starkes Gefühl des Ekels und der Verärgerung? Wenn du Angst hast, einen Bauchnabel anzufassen und zu betrachten, leidest du vielleicht an Omphalophobie. Es gibt Menschen, die Angst vor dem direkten Kontakt mit diesem Körperteil haben, Menschen, die schon beim bloßen Anblick unruhig werden, Menschen, die einen wunden Bauchnabel haben, und Menschen, die beim Waschen oder Baden Angst und Panik empfinden. Diese Störung kann vor allem im emotionalen und gefühlsmäßigen Bereich ernsthafte Probleme verursachen. Stelle dir zum Beispiel eine junge Mutter vor, die unter dieser Phobie leidet und Schwierigkeiten hat, den Nabel ihres neugeborenen Kindes zu sehen. Die Symptome variieren je nach Schweregrad der Störung, aber im Allgemeinen empfinden die Betroffenen ein starkes Gefühl des Ekels und des Unbehagens beim Waschen, beim Anblick eines Bauchnabelpiercings oder wenn sie sich an Orte begeben, an denen sich unbekleidete Menschen aufhalten, wie z. B. am Strand oder im Schwimmbad. Die Ursachen können von Fall zu Fall unterschiedlich sein und hängen meist mit schmerzhaften Ereignissen während der Geburt oder mit der Angst vor der Trennung von der Mutter oder der Familie zusammen.

Pogonophobie: die Angst vor Bärten

Die Angst vor Bärten und Schnurrbärten gehört sicherlich zu den absurdesten psychischen Störungen, unter denen Menschen leiden, aber auch zu den am weitesten verbreiteten in der Welt. Die wahnsinnige Phobie vor einem bärtigen Gesicht kann von vielen Faktoren abhängen: vom angeblichen Mangel an Hygiene bis hin zur Angst vor bösen Figuren aus Zeichentrickfilmen und Kindermärchen (man denke beispielsweise an Blaubart oder Pinocchios Feuerschlucker).

Darüber hinaus haben viele Psychologen festgestellt, dass sich diese Phobie in den letzten Jahren stark ausgebreitet hat, weil die Pogonophobie mit der Angst vor islamischen Terroristen mit Vollbärten in Verbindung gebracht wird. Es scheint jedoch, dass nicht jeder Bärte mag. Von vielen berühmten historischen Persönlichkeiten wie Walt Disney verachtet, an bestimmten Arbeitsplätzen verboten und aus kulturellen und ästhetischen Gründen kritisiert, wurden Bärte immer mit ungepflegten, schmutzigen, schlechten und gefährlichen Menschen in Verbindung gebracht.

Zahlenphobie: die Angst vor Zahlen

Wusstest du, dass es Menschen auf der Welt gibt, die Angst vor Zahlen und Mathematik haben? Das klingt wie ein Witz, ist aber tatsächlich eine weit verbreitete Pathologie. Die irrationale Angst vor Zahlen verursacht ein starkes Gefühl der Beklemmung und kann das Leben der Betroffenen ernsthaft beeinträchtigen. Es ist praktisch unmöglich, Zahlen zu vermeiden, da sie in unserem täglichen Leben allgegenwärtig sind, und das zwingt alle, die unter dieser Störung leiden, sich einzuschließen und sich von der Welt zu isolieren. Diese Phobie kann verschiedene Ursachen haben, Traumata in der Kindheit oder echte negative Erfahrungen mit Mathematik und Rechnen. Unsicherheit und die Angst, bei Berechnungen falsch zu liegen, können bei Zahlenfeinden Angstzustände und starkes Unbehagen auslösen. Manche Menschen haben Angst vor einer bestimmten Zahl wie 17, 13 oder 666, Zahlen, die mit Unglück und religiösem Glauben verbunden sind.

Ambulophobie: die Angst vor dem Gehen

Obwohl es sich um eine seltene Phobie handelt, ist die Ambulophobie ein sehr eigenartiger und einschränkender Zustand. Der Betroffene hat eine irrationale Angst vor dem Gehen, oder besser gesagt, er hat Angst vor dem Fallen und vermeidet es daher, seine Beine zu bewegen, um sich fortzubewegen. Es handelt sich um eine weit verbreitete Phobie, vor allem bei Menschen in einem bestimmten Alter, obwohl jeder darunter leiden kann. Nachdem eine Person ihr ganzes Leben lang problemlos gehen konnte, kann es vorkommen, dass sie sich nach einer Operation, einem Sturz oder einem schlimmen Unfall so unsicher fühlt, dass sie sich nicht mehr bewegen kann, es sei denn mit Hilfe eines Stocks oder einer anderen Unterstützung. Es gibt Menschen, die sich nicht trauen, irgendeinen Untergrund zu betreten, oder solche, die sich so verletzlich und unsicher fühlen, dass sie ihr Haus nicht verlassen.

Trichophobie: die Angst vor Löchern

Wenn du dich schon einmal beim Anblick von Gegenständen mit Löchern und Vertiefungen erschrocken hast, dann bist du trichophob. Die Betroffenen verspüren ein unkontrollierbares Gefühl der Abneigung und Angst, sobald sie z. B. einen Bienenstock, ein Kleid mit Tupfenmuster oder einen Badeschwamm sehen. Kurz gesagt, alles, was Löcher und Ausstülpungen hat, kann verdammt beängstigend sein und unvorhersehbare Reaktionen hervorrufen. Je mehr Löcher es gibt, desto stärker ist die Angst. Es handelt sich um eine weit verbreitete Krankheit, über die noch sehr wenig bekannt ist und die international untersucht wird. Die Wissenschaft unterscheidet zwischen Phobie und Angst: Während eine Phobie eine übermäßige Angst vor etwas ist, das eigentlich harmlos ist und keinen körperlichen Schaden verursacht, ist Angst eine normale, instinktive Reaktion, die auftritt, wenn man mit einer Gefahr oder etwas Bedrohlichem konfrontiert wird. Warum hat der Trichophobiker dann Angst vor Löchern? Vielleicht ist es ein instinktiver Abwehrmechanismus gegen etwas, das an Schlangenschuppen, ansteckende Krankheiten oder an die Verstecke gefährlicher Tiere erinnert.

Cherophobie: die Angst vor dem Glück

Wenn wir von Cherophobia sprechen, werden viele an den Titel eines berühmten musikalischen Slogans denken, der vor einigen Jahren herauskam. Aber was ist eigentlich die Angst vor dem Glück und warum sollte man sie fürchten? Es gibt Menschen auf der Welt, die Angst davor haben, glücklich zu sein und intensive Gefühle zu erleben. Das Erleben von Freude und Begeisterung kann als ein Moment der Schwäche und Verletzlichkeit angesehen werden.

Cherophobiker neigen dazu, sich gegen diese Gefühle zu wehren. Der Betroffene empfindet Glück als Bedrohung, was zu Angstzuständen und Unruhe führen kann. Die logische Vorgehensweise ist folgende: Wenn du glücklich bist, sei vorsichtig, denn du könntest sehr bald leiden. Der Cherophobiker hat Angst, dass sein Glück früher oder später zu Ende sein könnte, und verzichtet deshalb darauf, es zu erleben, vermeidet die Teilnahme an angenehmen Ereignissen, fühlt sich in der Nähe von Menschen unwohl und hat eine negative und pessimistische Einstellung zum Leben und zu Gefühlen. Traumata in der Kindheit, Demütigungen und schmerzhafte Ereignisse gehören zu den Hauptursachen für diese Pathologie. Gerade deshalb wird die Cherophobie zu einem Abwehrmechanismus gegen etwas, das früher oder später schaden könnte.

Nomophobie: die Angst vor der Abkopplung

Die Wahrheit ist, dass wir nicht wissen, wie wir ohne ein Telefon leben sollen. Das Smartphone gehört heute zu unserem täglichen Leben, und ein Verzicht darauf wäre seltsam, wenn nicht gar undenkbar. Aber es gibt einige Menschen auf der Welt, die einfach nicht ohne sie auskommen. Die Rede ist von Menschen, die unter Nomophobie leiden, die nicht nur als eine der seltsamsten und absurdesten Phobien überhaupt gilt, sondern von vielen auch als die Angst des 21. Jahrhunderts bezeichnet wird.

Nomophobie (vom englischen no mobile phone phobia) ist nichts anderes als die Angst, ohne Internetverbindung zu sein. Manche mögen lächeln, aber wir haben es mit einer Angst zu tun, die ein Kind unserer Zeit ist: Die wirkliche Angst ist nicht so sehr, sein Smartphone zu verlieren oder es kaputt zu machen, sondern nicht in der Lage zu sein, sich mit dem Rest der Welt zu verbinden. Wenn das Telefon tot ist oder keine Verbindung zum Netz herstellen kann, kann es vorkommen, dass die nomophobische Person Angstzustände und starke Erregung erlebt. Ohne das Internet besteht die Gefahr, dass der Betroffene sich allein und von der Welt abgeschnitten fühlt. Wir haben es hier mit einem echten Abkopplungssyndrom zu tun.

9

Kuriositäten über den menschlichen Körper: zwischen Schrott und Superkräften

Was passiert mit dir, wenn du Popel isst?

Diese Frage interessiert dich sehr, nicht wahr? Zunächst einmal müssen wir uns fragen, was in Popeln steckt: Was enthalten sie? Es handelt sich um dehydrierten Schleim, der auch Enzyme, Antikörper und Fette enthalten kann. Aber das ist noch nicht alles!

Schleim ist ein Abwehrmittel des Körpers, das Bakterien und andere Mikroorganismen wie Viren und Pilze abfangen soll. Aus diesem Grund sind Popel, wenn man sie isst, gut für einen! Sie stimulieren das Immunsystem und sind daher gesund für den Körper.

Stimmt es, dass man durch den Verzehr von Karotten brauner wird?

Wir antworten dir gleich: Das ist nicht wahr! Es gibt keine Lebensmittel, die die Bräune wirklich fördern, aber du solltest bedenken, dass die Bräune eine Methode ist, mit der sich unsere Haut vor den schädlichen Sonnenstrahlen schützt. Wenn wir uns der Sonne aussetzen, produzieren die Hautzellen Melanin, ein dunkles **PIGMENT**, das eine Schutzschicht gegen die Sonnenstrahlen bildet. Beta-Carotin, das in Karotten, aber auch in vielen anderen Gemüsesorten wie Tomaten und Spinat enthalten ist, trägt seinerseits zum Schutz der Haut bei und unterstützt diese Wirkung.

Warum solltest du dir einen Bart wachsen lassen?

Vielleicht nicht jetzt, aber in ein paar Jahren... und natürlich nur, wenn du männlich bist! Aber denke daran, dass der Bartwuchs auch deiner Gesundheit zugutekommen kann. Das glaubst du nicht? Zunächst einmal hilft ein Bart, die Gesichtshaut vor schädlicher Sonneneinstrahlung zu schützen. Das verlangsamt auch die Alterung, denn es sind auch die Sonnenstrahlen, die die Faltenbildung verursachen! Außerdem „filtert" ein Bart Mikroorganismen wie Bakterien heraus, die auf diese Weise schwerer zu erreichen sind, und schützt uns wirksam vor übermäßiger Kälte und Hitze!

Die Regeln für eine perfekte Nachtruhe

Ausreichend Schlaf ist wirklich wichtig: Du weißt vielleicht schon, dass der Schlaf wichtig ist, um alle Prozesse in unserem Körper im Gleichgewicht zu halten und ihm die Möglichkeit zu geben, sich nach einer Anstrengung zu erholen.

Um nachts gut zu schlafen, können wir uns selbst helfen... mit einem Mittagsschlaf! 15-20 Minuten Schlaf am Nachmittag können unsere Stressbewältigung verbessern und es uns ermöglichen, am Abend „erholter" und somit besser auf den Nachtschlaf vorbereitet zu sein. Andere Tricks für einen besseren Schlaf sind ein mindestens 15-minütiger Spaziergang nach dem Abendessen und... das Schlafen im eigenen Bett! Wenn du nicht zu Hause schläfst, bleibt dein Gehirn aufmerksamer, um mögliche Gefahren wahrzunehmen... und du ruhst schlechter.

Wolverine's DNA!

Kennst du Wolverine, die Figur aus der X-Men-Comicserie, die mit einem Adamantium-Skelett ausgestattet ist, das ihn unverwundbar macht? Nun, du solltest wissen, dass es in der Welt echte Superhelden gibt, die ihm sehr ähnlich sind. Eine genetische Mutation in einem bestimmten Gen namens LRP5 macht die Knochen mancher Menschen praktisch unzerstörbar, mit einem dichten, schweren, bruchsicheren Skelett. Wissenschaftler der Yale School of Medicine entdeckten dies, indem sie eine Familie untersuchten, in der es seit Generationen keine Knochenprobleme gab!

Was ist so besonders an unserem Gehirn?

Vieles sogar! Es ist zum Beispiel so aktiv, dass es allein 20 % des gesamten Sauerstoffs verbraucht, der in unseren Körper gelangt, und es schaltet niemals ab - nicht einmal nachts! Wenn wir schlafen, ist die Gehirnaktivität intensiver als tagsüber (und unsere Träume oder Albträume hängen davon ab!).

Die Möglichkeiten unseres Gehirns sind unglaublich groß und werden noch immer kaum genutzt: Wenn wir wollten, könnten wir mit unserem Gehirn die fünffache Menge an Informationen speichern, die in einer Enzyklopädie enthalten ist. Und was wäre, wenn der Mensch durch die Entwicklung der noch „schlafenden“

Bereiche des Gehirns in der Lage wäre, auch etwas anderes zu tun, wie zum Beispiel... Gegenstände allein durch Gedanken zu bewegen?

Ein autofester Magen

Magensaft ist eine klare Flüssigkeit in unserem Magen, die uns bei der Verdauung der Nahrung hilft. Sie enthält eine Reihe von Elementen, wie Wasser, Bikarbonat, Kalium, Natrium, aber die wahre Bombe, der Feind Nr. 1 der schweren, unverdaulichen Nahrung ist... Salzsäure! Sie ist eine stark ätzende Flüssigkeit (wenn man zu viel davon im Magen hat, kann man Magenschleimhautentzündung und Sodbrennen bekommen), aber auch unglaublich stark: Laut dem Schriftsteller Isaac Asimov, der auch Biochemiker war, kann Salzsäure ein Taschentuch durchstechen... und sogar die Karosserie eines Autos!

Dein Haar ist stärker als der Hulk

Hier ist etwas, das du nicht über dein Haar wusstest: Wenn du es dein ganzes Leben lang wachsen lassen würdest, ohne es jemals zu schneiden, würde es die Länge von etwa 1000 km erreichen (genauer gesagt, die Entfernung zwischen Mailand und Messina!). Außerdem sind sie unglaublich widerstandsfähig: Um ein Haar zu brechen, muss man stark daran ziehen und es um das Anderthalbfache seiner Länge dehnen. Das macht es stärker als einen Kupferdraht mit dem gleichen Durchmesser! Außerdem ist der sichtbare Teil des Haares... der tote Teil! Der einzige lebende Teil ist der Teil, der sich noch im Schädel befindet und darauf wartet, auszutreiben.

Nicht die Ohren spitzen!

Behandle deine Ohren gut! Abgesehen davon, dass sie ein sehr empfindliches Organ sind, verbergen sie viele Geheimnisse: vor allem die Tatsache, dass sie ein Leben lang weiterwachsen… auch wenn man erwachsen ist! Keine Angst, du wirst nicht wie Dumbo enden: Sie wachsen etwa 0,2 mm pro Jahr, also etwa einen cm in 50 Jahren. Sie enthalten auch die kleinsten Knochen des Körpers: Amboss, Hammer und Steigbügel. Und wusstest du, dass nicht nur laute Geräusche, sondern auch absolute Stille sehr, sehr unangenehm für das Ohr sind? Dies wurde in einem Experiment in den Orfield Labs in Minneapolis, USA, nachgewiesen. Hier wurden Null-Lärm-Räume geschaffen: Wer sie betrat, begann alle Geräusche in seinem Körper zu hören, einschließlich des Herzschlags… und konnte es kaum erwarten, wieder herauszukommen!

Vorsicht vor dem Phantomgeruch

Deine Nase ist zu viel mehr fähig, als du erwartest. Was glaubst du, wie viele Gerüche du erkennen kannst? Hundert, tausend? Mache dich auf etwas gefasst: Die menschliche Nase ist in der Lage, etwa eine Billion verschiedener Gerüche zu unterscheiden. Außerdem können wir uns viel besser an sie erinnern als an Bilder (wir erinnern uns nach einem Jahr zu 65 % an sie, im Vergleich zu 50 % bei Bildern). Der Geruchssinn kann aber auch versagen: Manche Menschen leiden an Parosmie, einem verzerrten Geruchssinn, der dazu führt, dass sie wahrgenommene Gerüche mit anderen „verwechseln“. Dann gibt es die „Phantosmie“: die Wahrnehmung von „Phantom“-Gerüchen, die in der Umwelt nicht wirklich vorhanden sind.

10

Schlussfolgerung

Liebe Jungen und Mädchen, wir sind am Ende dieser erstaunlichen Reise voller Kuriositäten und unglaublicher Fakten angelangt, auf die ihr wahrscheinlich noch nie gestoßen seid. Ich hoffe, dass diese Sammlung euch geholfen hat, eine angenehme Zeit zu verbringen, aber vor allem euren Wissensdurst zu befriedigen.

Wie versprochen, findet ihr ein kleines Glossar mit einigen der schwierigeren Begriffen, die auf diesen Seiten verwendet werden. Und natürlich müsst ihr euch selbst mit dem „Final Trivia Quiz" auf die Probe stellen! Fordert euch und eure Lieben heraus, diese unterhaltsame Lektüre auf ebenso unterhaltsame Weise zu beenden.

Ich danke euch allen!

11

Glossar

Krinoline: Stoff für Damenkleidung aus Rosshaar;

Phobie: krankhafte Angst, oft ohne erkennbaren Grund;

Hotspot: ein Verbindungspunkt, der den Zugang zum Internet über Wifi ermöglicht;

Hippocampus: Synonym für Seepferdchen;

Oktopode: Kategorie der Weichtiere mit acht Beinen;

Pigment: Stoff, der sich in einer Flüssigkeit auflöst und farbig wird;

Schicksal: Vorsehung;

Theobromin: Substanz, die in Kakao in Pulverform vorkommt, farblos und bitter;

Toxin: Tierischer oder pflanzlicher Stoff, der schädlich sein kann;

Boulangerie viennoise: traditionelle Bäckerei in Wien;

12

Das letzte QUIZ der Trivialitäten

Jetzt, wo du so viel Wissenswertes gelesen hast, bist du bereit für ein Spiel?

Fordere deine Freunde und Familie heraus, die Fragen im „**ultimativen Trivia-Quiz**" richtig zu beantworten.

Für jede Frage gibt es drei Antwortmöglichkeiten: Versucht zu raten, aber denkt daran, dass nur eine richtig ist!

Wenn ihr Zweifel habt, keine Sorge, ihr findet die richtigen Antworten am Ende des Quiz.

Wer die meisten richtigen Antworten nach Hause bringt, gewinnt!

Seid ihr bereit? Gut!

Das QUIZ kann beginnen!

Frage 1

Wie viele Herzen hat ein Oktopus?

1. 1
2. 3
3. 2

Frage 2

Welches ist das meistgestohlene Lebensmittel der Welt?

1. Kaugummi
2. Pizza
3. Käse

Frage 3

Welche Farbe war in der viktorianischen Zeit ein „giftiges" Pigment?

1. gelb
2. grün
3. blau

Frage 4

Wie viele Stunden arbeitet Cuiva?

1. 5 bis 10 Stunden
2. 15 bis 20 Stunden
3. 30 bis 40 Stunden

Frage 5

Welche Reptilienart atmet am liebsten mit dem Hinterteil?

1. Schildkröte
2. Schlange
3. Krokodil

Frage 6

Was bedeutet „Rafiki" in der Suaheli-Sprache?

1. Affe
2. Hexenmeister
3. Freund

Frage 7

In welchem Land wurde 2019 der Weltpreis für die größte Profiterole verliehen?

1. Schweiz
2. Italien
3. Frankreich

Frage 8

Welche Merkmale eines Tieres wurden verwendet, um das Aussehen des Außerirdischen E.T. zu gestalten?

1. Ein Elefant
2. Ein Mops
3. Ein Pavian
4. beide auf dem Boden
5. beide oben
6. einer oben und einer unten

Frage 9

Zu welcher Kategorie gehören die Erdnüsse?

1. Hülsenfrüchte
2. Nüsse
3. Früchte

Frage 10

Was haben sie in der Star Wars-Rekordinstallation 2019 mit Lego gebaut?

1. Ein Lichtschwert
2. Prinzessin Leia
3. Einen Stormtrooper-Helm

Frage 11

Welchem bestäubenden Insekt müssen wir danken, wenn wir Schokolade lieben?

1. Der Fliege
2. Der Stechmücke
3. Der Hornisse

Frage 12

Welches Gewürz wurde auch zur Bezahlung der Miete verwendet?

1. Salz
2. Zucker
3. Schwarzer Pfeffer

Frage 13

Woher kommen die „Croissants"?

1. Frankreich
2. Italien
3. Österreich

Frage 14

Kolumbien. Wie schneiden die Nukak ihr Haar?

1. Tigerzähne

2. Piranhazähne

3. Haifischzähne

Frage 15

Warum wurde ein Hotspot auf den Everest gebracht?

1. Um Bergsteigern in Notfällen zu helfen

2. Auf sozialer Ebene zu verbinden

3. Essen nach Hause bestellen

Frage 16

Indien. Was hinterlässt der Solima-Stamm den Tigern?

1. Obst

2. Fisch

3. Honig

Frage 17

Welche adlige mittelalterliche Aristokratin inspirierte die Figur der bösen Königin in Schneewittchen?

A) Königin Elisabeth

B) Uta von Naumburg

C) Sophia von Preußen

Frage 18

Wer stahl am 21. August 1911 die Mona Lisa aus dem Louvre?

A) Ein italienischer Maler

B) Arsenio Lupin

C) Deutsche Soldaten

Frage 19

Wie lautet die Frage, die in Brasilien gestellt wird, wenn man bei jemandem zu Gast ist?

A) Hallo, wie geht es dir?

B) Darf ich dir eine Tasse Tee anbieten?

C) Willst du duschen?

Frage 20

Wo liegt die Atacama-Wüste, die als trockenste Wüste der Welt bekannt ist?

A) In Mexiko

B) In Chile

C) In Algerien

Autoren

Können Sie die Zeit, die Sie mit Ihren Kindern verbringen (Kronos), so gestalten, dass sie voller Freude, Schönheit und Bedeutung ist (Kairos)?

Die Verpflichtungen und Sorgen des Lebens lassen uns auch uns selbst vergessen, ohne uns bewusst zu machen, dass jede Sekunde, die wir von unseren Lieben getrennt sind, eine Sekunde ist, die niemand zurückgibt.

Es gibt kein Zurück mehr.

Zu viel Zeit verbringen wir zwischen Arbeit und Verpflichtungen, ohne die Möglichkeit, die Kinder aufwachsen zu sehen, zu wissen, ob es ihnen gut geht und ihre ersten Entdeckungen zu beobachten. Sie lernen jetzt alles aus dem Fernsehen und von Smartphones...

Wir sind Linda (Grundschullehrerin aus Florenz) und Charlie (kanadischer Grafikdesigner), glückliche Eltern von zwei wunderbaren Kindern und Erfinder von Kairoslandd!

Was Sie gelesen haben, war die Geschichte unseres aus dem Ruder gelaufenen Lebens.

Die Kinder wuchsen mit Riesenschritten, aber wir wussten praktisch nichts über sie, außer dem, was ihre Großeltern uns nach dem Tag mit ihnen erzählten.

Es klingt seltsam, aber eine Zeit der Weltschande wie die Pandemie war für uns eine große Freude. Warum?

Wir genossen jede Minute, das Lachen, das Spiel und die Emotionen unserer Kinder wie nie zuvor und entdeckten wieder, wie man die Zeit in vollen Zügen genießen sollte.

Kairoslandd wurde für Sie, Mama und Papa, geschaffen, die zur „richtigen Zeit“ da sein wollen, um Ihre Gedanken mit Erinnerungen und unwiederholbaren Emotionen zu füllen, die Gefahr laufen, zu vergehen und für immer zu entschwinden.

Durch die Kombination unserer beruflichen Erfahrungen in den Bereichen Pädagogik und Grafikdesign haben wir zusammen mit einem Team von Experten viele nützliche und hochwertige Bücher geschaffen, die jeden Moment, den Sie mit Ihren Kindern verbringen, zu einem magischen Erlebnis machen!

Besonderer Bonus

Scannen Sie den QR-Code mit Ihrer Smartphone-Kamera oder klicken Sie alternativ auf das Bild und lassen Sie uns wissen, was Sie denken :)

HIER SCANNEN

Lösungen

1B, 2C, 3B, 42, 5A, 6C, 7B, 8B, 9A, 10C, 11A, 12C, 13C, 14A, 15A, 16C, 17B, 18A, 19C, 20B

Printed in Germany
by Amazon Distribution
GmbH, Leipzig

31583787R00057